선인장도 말려 죽이는 ── 그대에게

선인장도 말려 죽이는 그대에게

2020년 3월 23일 1판 1쇄 발행
2023년 1월 20일 1판 5쇄 발행

지은이 송한나
펴낸이 이상훈
펴낸곳 책밥
주소 03986 서울시 마포구 동교로23길 116 3층
전화 번호 02-582-6707
팩스 번호 02-335-6702
홈페이지 www.bookisbab.co.kr
등록 2007.1.31. 제313-2007-126호

기획·진행 권경자
디자인 프롬디자인

ISBN 979-11-90641-00-5 (13520)
정가 18,800원

ⓒ 송한나, 2020

이 책은 저작권법에 따라 보호받는 저작물이므로 무단전재와 무단복제를 금합니다. 이 책 내용의 전부 또는 일부를 사용하려면 반드시 저작권자와 출판사에 동의를 받아야 합니다.

책밥은 (주)오렌지페이퍼의 출판 브랜드입니다.

이 도서의 국립중앙도서관 출판예정도서목록(CIP)은 서지정보유통지원시스템 홈페이지(http://seoji.nl.go.kr)와 국가자료종합목록 구축시스템(http://kolis-net.nl.go.kr)에서 이용하실 수 있습니다. (CIP제어번호 : CIP2020006491)

선인장도 말려 죽이는 그대에게

반려식물 초심자를 위한
홈가드닝 안내서

송한나 지음

책밥

머리말

결혼 후 임신과 함께 가드닝을 시작했습니다.
식물 한두 개로 소소하게 시작했는데 어느 순간 정원이 만들어졌어요.
그만큼 식물에게 푹 빠져 버린 거죠.

처음 책 집필 제의를 받았을 때는 힘든 육아로 고사했습니다. 하지만 시간이 흘러
다시 제안해 주셨을 때에는 힘들지만 용기를 내기로 했어요.
홈가드닝의 재미를 공유하고 함께 즐기고 싶었습니다.
이 책을 잡으신 손 안의 초록이 아름답게 물들기를 바랍니다.

그저 식물을 키우며 보통의 주부로 머물 저를 발견해 주신
출판사 책밥의 김난아 담당자님께 감사하며, 책 집필에 도와주신 분들,
투덜대면서도 응원해 주는 남편과 가족에게 감사의 마음을 전합니다.

———
송한나

차례

머리말 004

1장.
반려식물은 처음이지?

step1. 반려식물을 맞이하기 전에 012
마음가짐 • 공간, 환경에 맞추어 식물 고르는 법 공간 | 환경(우리 집의 방향)

step2. 반려식물 맞이하기 016
온라인&오프라인 구매 온라인 | 오프라인 | 튼튼한 화분 고르기 • 구매 시 주의할 점 저자가 추천하는 온라인 구매 사이트 | 반려식물 이름 찾기 애플리케이션

step3. 살림 장만하기 019
도구 • 화분 • 흙 흙의 종류-분갈이 흙, 배양토, 상토, 다 같은 흙 아닌가요? | 식물, 화분에 따른 흙 배합

step4. 건강하게 키우기 026
빛 • 물 화분 특성 파악 | 흙 상태 확인 | 물주기 방식 | 물주기 | 과습 예방법 | 그 밖에 • 온도와 습도 • 통풍

step5. 옷 갈아입기 034
분갈이 • 소품 분갈이 • 중·대품 분갈이

step6. **취향껏 키우기** 044
　　　　수형 관리, 가지치기 가지치기 종류 • 번식 번식 종류

step7. **아픈 식물 치료하기** 048
　　　　병충해 충해 ǀ 병해

step8. **조금 더 욕심내기** 052
　　　　비료 비료의 3요소 N, P, K ǀ 시중에서 판매하는 원예용 비료 • 식물생장 LED 조명
　　　　시중에서 판매하는 가정용 식물생장 LED ǀ 효과적인 식물생장 LED 조명 활용법

step9. **여름철/겨울철 관리** 056
　　　　여름철 • 겨울철

step10. **함께하지 못할 때** 059
　　　　혼자서도 잘 먹어요-물주기 • 바람을 느껴요-통풍

식물의 이름 - 학명과 보통(유통)명 062
알아 두어야 할 가드닝 용어 063

2장.
선인장도 말려 죽이는 그대에게
초급 식물

극락조화 066　　　　　　블루스타고사리 088
상록넉줄고사리 068　　　선인장1 : 백도선, 로드킬 092
녹영 072　　　　　　　　선인장2 : 기둥선인장아과 선인장들 096
러브체인 076　　　　　　시클라멘 100
몬스테라 080　　　　　　싱고니움 102
문샤인 산세베리아 084　　아이비 106

알리고무나무 110
스킨답서스 픽투스 112
올리브나무 114
필레아페페 로미오이데스 118
휘카스 움베르타 122
히아신스 · 튤립 126

3장.

좀 예민해도 괜찮아
중급 식물

글레코마 136
깜비나무 140
라인골드 142
마다가스카르재스민 146
애스토니 뮤렌베키아 ·
코로키아 코토네아스타 ·
소포라 프로스트라타 152
플라티케리움 리들리 156
브레이니아 160
블루아이스 166
스트렙토카르푸스 삭소롬 170
소사나무 178
아디안툼 182

아메리칸블루 186
양골담초 190
에어플랜트 : 틸란드시아 196
찔레 200
칼라데아 오르비폴리아 206
칼라디움 210
사계귤나무 214
콜레우스 216
테라리엄 220
티트리 224
호주매 228
호주황동백 234
휴케라 238

4장.
상전을 모시고 삽니다
상급 식물

베고니아 244
옥살리스 258

유칼립투스 268
페라고늄 274

5장.
조금씩, 공간을
초록으로 물들이는 일

인터뷰1 - 키큰해바라기 288
인터뷰2 - 노랭이사진관 292

인터뷰3 - 카페 보니비 296
인터뷰4 - 카페 모 300

pet plant & home gardening

1장.

반려식물은 처음이지?

step1.
**반려식물을
맞이하기 전에**

마음가짐

식물을 들이게 된 계기가 무엇이었나요? 집 안에 생기를 주고 싶어서, 혹은 단지 예뻐서 인테리어용으로 구입했거나 선물을 받았거나, 다양한 이유가 있겠죠. 이왕 식물을 집에 들였다면 '반려식물'로 맞아 주세요. 서로에게 짝이 되어 준다면 식물에 대한 인식도 달라질 거예요. 식물에게 감정이 생기며 대하는 태도부터 변하게 됩니다. 처음에는 서투른 관리 탓에 식물이 아파할 수 있지만 쉽게 포기하지 않고 꾸준히 관심을 가진다면 분명 좋아진답니다. 그리고 나의 반려식물이 그저 조용히 자리를 지키며 자기 몫의 일을 하고 있다는 사실을 알게 될 거예요. 새잎을 내고 꽃을 피우며 가끔은 나를 봐 달라는 신호도 보내고요. 그렇게 자연스레 알게 됩니다. 초록으로 마음의 안식을 찾아보세요. 사랑을 준 만큼 보답해 줄 거예요.

공간, 환경에 맞추어 식물 고르는 법

| 공간 |

베란다(발코니)가 있는 집

장점 : 식물을 키울 공간이 따로 있기 때문에 물을 주고 분갈이를 하는 등의 관리가 쉽고, 식물의 특성에 따라 공간별로 배치할 수 있습니다.

단점 : 계절의 특성을 그대로 받아들이게 되므로 때에 따라 베란다의 환경이 맞지 않는 식물이 있다면 일일이 환경을 맞춰 줘야 합니다. 예를 들어 고온다습한 여름 환경에 취약한 제라늄은 햇볕을 피해 서늘한 곳에 옮기고, 추위에 약한 열대식물은 겨울이 오면 거실로 들여야 합니다.

추천 식물 : 꽃이 피는 식물, 사계절 변화가 뚜렷한 식물

- 옥살리스, 브레이니아, 제라늄, 콜레우스, 삭소롬, 시클라멘, 히아신스, 튤립, 호주매

베란다(발코니)가 없는 집

장점 : 식물과 함께 생활하기 때문에 식물의 상태를 쉽게 체크할 수 있어 좋아요.

단점 : 식물보다는 사람에게 맞춘 환경이다 보니 계절감각을 잃기 쉬워요. 기온의 변화로 꽃눈이나 새순이 생기는 품종의 경우 이 환경은 적당하지 않습니다. 습도 조절과 환기(통풍)에 제약이 많으며, 가끔씩 바닥에 흙이 날리기도 합니다.

추천 식물 : 관리가 수월한 관엽식물, 추위에 약한 열대식물, 흙 없이 사는 에어플랜트

- 블루스타펀, 히아신스, 싱고니움, 칼라데아, 박쥐란, 러브체인, 휘카스움베르타, 틸란드시아

마당이나 옥상이 있는 집

장점 : 해와 바람, 비 등 자연을 만끽할 수 있으므로 예쁘고 튼튼하게 자랍니다. 실내에서 자란 식물과는 비교할 수 없을 정도로요.
단점 : 직광과 바람의 영향으로 수분이 빠르게 마르기 때문에 짧은 간격으로 물을 주어야 합니다. 벌레에게 공격받기 쉬우며, 장마나 태풍 등의 자연재해에 철저히 대비해야 합니다. 추위에 약한 식물은 겨울이 오기 전 따뜻한 곳으로 옮겨 주세요.
추천 식물 : 노지 월동이 가능한 식물

- 라인골드, 찔레, 블루아이스, 소사나무, 동백, 유칼립투스, 휴케라

카페/가게

장점 : 보통 창이 크게 있어 가정집보다 해가 깊게 들어옵니다. 공간이 넓을 경우 집에서 키우기 어려운 크기의 식물을 키울 수 있어 좋아요.
단점 : 식물 관리에 집중할 수 있는 공간이 아닌 데다가 보통 공간을 꾸미는 플랜테리어 용도가 대부분이기 때문에 식물이 금세 죽는 경우가 많아요.
추천 식물 : 공간에 포인트를 주는 대품식물(크기가 큰 식물), 손이 덜 가는 식물

- 몬스테라, 극락조화, 올리브나무, 박쥐란, 마다가스카르자스민, 알리고무나무

해가 잘 들지 않는 실내 공간

장점 : 여름에는 시원하고 겨울에는 따뜻해요.
단점 : 해가 잘 들지 않아 식물이 웃자라고, 통풍이 잘되지 않는 탓에 병충해가 생기기 쉬워요. 식물이 잘 자랄 수 있는 환경이 아닙니다.
추천 식물 : 반음지에서도 잘 자라는 식물, 생명력이 강하고 병충해가 잘 생기지 않는 식물

- 블루스타펀, 상록넉줄고사리, 베고니아, 아이비, 산세베리아, 싱고니움, 스킨답서스

| 환경(우리 집의 방향) |

정남향

식물보다는 사람이 살기 좋은 환경입니다. 가을부터 봄까지 해가 깊게 들어와 식물이 탄력적으로 잘 자라지만 여름에는 해의 고도가 높아지면서 해가 짧은 구간에만 들어오기 때문에 식물이 많이 웃자랍니다.

남동향

오전부터 오후까지 해가 들어옵니다. 정남향과는 달리 사계절 내내 해가 들어오기 때문에 식물을 키우기에 가장 적합한 환경이에요.

남서향

정오부터 해가 질 때까지 동향과 서향보다는 해가 많이 들어오는 편입니다.

동향

해가 뜰 때부터 정오까지 빛이 가장 많이 들어옵니다. 집의 앞쪽과 뒤쪽이 각각 뜨는 해와 지는 해의 영향을 받기 때문에 그에 맞추어 공간을 활용할 수 있습니다. 부지런한 가드너에게 좋은 환경입니다.

서향

계절의 구애 없이 오후에 지는 해가 집 안 깊숙이 들어옵니다. 하지만 식물의 성장에는 지는 해의 빛보다 뜨는 해의 빛이 더 좋습니다. 특히 한여름의 뙤약볕은 식물도 지치게 만들기 때문에 고온에 취약한 식물은 힘들어할 수 있습니다.

북향

해가 잘 들지 않아 여름에는 시원하지만 겨울에 추운 환경이에요. 식물에게는 힘든 환경이죠. 빛이 크게 필요하지 않은 식물만 키울 수 있으므로 선택에 제약이 많습니다. 북향에서 식물을 키우고 싶다면 부족한 빛을 식물생장 LED 조명으로 보충해 주세요.

step2.

**반려식물
맞이하기**

온라인&오프라인 구매

| 온라인 |

장점

- 해외직구, 경매, 공동구매, 개인 거래, 쇼핑몰, 오픈마켓 등 다양한 방식으로 식물을 구입할 수 있습니다.
- 오프라인에서 찾기 힘든 다양한 품종을 쉽게 찾아 구할 수 있습니다.
- 가격이 저렴한 편입니다.
- 일부 업체에서는 식물을 직접 고를 수도 있습니다. 판매글에 '랜덤배송'이 아니라 '동일품'이라고 기재되어 있다면 사진 속 식물이 그대로 배송됩니다. 마음에 드는 수형을 골라 구입해 보세요.

단점

- 살아 있는 식물의 특성상 교환 및 반품이 번거롭습니다.
- 배송 시 식물이 손상되거나 몸살을 앓을 수 있습니다.
- 병충해나 수형 등 식물의 상태를 정확히 알 수 없습니다.
- 크기를 짐작하기 어렵습니다.

| 오프라인 |

장점

- 직접 보고 마음에 드는 수형과 크기를 고를 수 있습니다.

단점

- 실제로 식물을 보게 되면 충동구매를 하기 쉽습니다.
- 온라인보다는 품종이 다양하지 않습니다.

| 튼튼한 화분 고르기 |

- 전체적인 수형을 보고 목대(줄기)가 튼실한지 확인하세요.
- 잎의 앞뒷면에 벌레가 없는지 꼼꼼하게 확인하세요. 잎이 갈변했거나 벌레가 잎을 갉아 먹어 구멍이 난 것은 피합니다.
- 뿌리가 화분 밑의 물구멍 밖으로 나와 있는지 확인하세요. 화분 밖으로 뿌리가 나와 있다면 그만큼 뿌리의 발육 상태가 좋다는 뜻입니다.

- 꽃이 피는 식물은 꽃이 피기 직전인 것으로 고릅니다.
- 대품일 경우 목대를 살짝 잡아 보세요. 활착이 덜 되어 잘 흔들린다면 몸살을 앓기 쉬워요.

구매 시 주의할 점

과대광고에 속지 마세요. 미세먼지가 기승하는 요즘, 'OO 선정 공기정화식물 best 10' 등의 광고를 쉽게 볼 수 있습니다. 하지만 조금만 검색해 보면 여기저기 순위가 달라지는 걸 알 수 있어요. 즉 신뢰할 수 없는 순위이며, 어딘가의 연구 결과가 맞다 해도 그것이 우리가 사는 공간에 그대로 적용된다는 보장은 없습니다. 온갖 식물에 그럴듯한 타이틀을 붙여 판매하는 업체가 많다는 점, 유념해 주세요. 물론 해당 식물이 공기 정화 및 미세먼지 제거 등의 효과가 없다는 것은 아닙니다. 단, 그러한 효과를 보려면 적어도 1제곱미터당 해당 식물 100개 정도는 키워야 해요. 한두 개 키워서는 절대 원하는 효과를 볼 수 없답니다. 이런저런 이용가치만 따지기보다는 식물을 그 모습 그대로 예뻐하며 초록이 주는 안정감을 느껴 보세요.

그렇다면, 어디서 구매하는 것이 좋을까요? 동네 꽃집도 좋지만 좀 더 규모가 큰 농원이나 꽃시장, 화훼단지를 추천합니다. 농장에서 바로 들여와 식물이 튼튼하고 종류가 다양하며 가격도 저렴한 편이에요.

| 저자가 추천하는 온라인 구매 사이트 |

식물오픈마켓 심폴 www.simpol.co.kr
식물오픈마켓 엑스플랜트 www.xplant.co.kr
HS플라워 www.hsflower.co.kr (제라늄)
조인폴리아 joinfolia.co.kr (희귀&열대식물)
데팡스 depanse.co.kr (화분)

| 반려식물 이름 찾기 애플리케이션 |

네이버 스마트렌즈
식물 이름 찾기 앱 '모야모'

step3.

**살림
장만하기**

도구

온습도계 : 집 안의 온습도를 확인하면 식물의 생육 온도에 맞추어 최적의 환경을 조성할 수 있어요. 온습도계는 한눈에 알아보기 쉽고 그날의 최고, 최저 온도가 표시되는 것이 좋습니다.

모종삽 : 분갈이 시 흙을 담을 때 사용합니다. 화분의 크기가 다양하므로 모종삽 역시 크기별로 갖추어 두면 분갈이할 때 번갈아 쓰기 좋아요.

절단가위 : 식물을 다듬을 때 사용합니다. 날이 잘 들고 손에 쥐기 편하며 가벼운 것이 좋아요.

갈퀴 : 분갈이 시 화분에 꽉 박힌 식물을 빼내거나 뿌리, 흙 등을 정리할 때 사용합니다.

물뿌리개/분무기 : 물뿌리개는 입구가 작고 노즐이 긴 것을 추천합니다. 화분 아래로 물을 주기 편하고 흙이나 물이 밖으로 튀지 않아 깔끔하게 사용할 수 있어요. 분무기는 수분을 공급하거나 습도를 높일 때 사용합니다. 미세하고 고르게 분사되는 것이 좋아요.

장갑 : 식물 관리 시 손을 보호해 주세요. 일반 장갑은 두꺼워서 감각이 둔해지기 때문에 얇아서 작업하기 편한 니트릴장갑을 착용합니다.

깔망 : 화분의 구멍 위에 깔아 사용합니다. 구멍 크기보다 크게 잘라야 흙이 새지 않아요.

지지대/고정끈/클립 : 수형을 잡아 주거나 줄기, 목대 등을 바르게 세울 때 사용합니다.

이름표 : 식물의 이름을 모르거나 모양이 비슷해 구분하기 어려울 때 사용해요. 이름표를 꽂아 두면 식물에 대한 애정과 책임감이 더욱 커진답니다.

분갈이 매트 : 깔끔하게 분갈이하기 위한 준비물입니다. 바닥에 깔면 주변이 지저분해지지 않고 지우기도 수월해요. 베란다 없는 집에 특히 추천합니다.

화분

테라코타 화분(토분) : 점토에 유약을 바르지 않고 구운 화분입니다. 점토의 종류나 굽는 온도에 따라 색이 달라지며, 오래 사용하면 표면에 희끗하게 백화현상이 나타납니다. 다른 화분에 비해 통기성이 뛰어나 과습을 방지하고 뿌리가 발달하는 데 도움을 주지만, 흙이 금세 건조해져서 물주기 간격이 짧고 화분이 잘 깨진다는 단점이 있습니다.

도자기 화분 : 전체적으로 유약을 바른 화분입니다. 색과 디자인이 다양해 인테리어용 화분으로 많이 사용합니다. 다만 물마름이 더뎌 과습이 오기 쉬우며, 무겁고 충격에 약해 잘 깨집니다.

플라스틱 화분(슬릿 화분) : 플라스틱 소재로 가볍고 종류가 다양하며 실용적으로 쓸 수 있어요. 측면의 슬릿을 통해 화분 내에 수분과 산소가 골고루 퍼져 뿌리가 동그랗게 말리지 않고 옆쪽과 아래로 균형 있게 뻗어나가 튼튼하게 자랍니다. 다만 물마름이 더뎌 과습이 오기 쉬워요.

FRP 시멘트 화분 : 시멘트 원료와 유리섬유강화플라스틱(FRP)으로 만든 화분으로, 내구성이 강합니다. 디자인이 심플해 어느 공간에 두어도 잘 어울리는 편입니다. 다만 물마름이 더뎌 과습이 오기 쉬워요.

테라스톤 화분 : 천연 시멘트와 여러 복합물에 대리석 조각을 섞어 성형한 후 표면을 매끄럽게 연마한 화분입니다. 세련되고 고급스럽지만 무겁고 두꺼워요. 또한 물마름이 더뎌 과습이 오기 쉽습니다.

해초바구니 : 플라스틱 화분을 커버하는 데 주로 사용합니다. 자연스러운 느낌의 인테리어 소품이에요.

[tip] 토분 세척 방법

토분을 쓰다 보면 곰팡이가 피거나 겉면이 하얗게 변하는데, 이를 백화현상이라고 해요. 물속의 석회질이 토분에 쌓여 생기는 것인데, 멋스러워 보일 수 있지만 시간이 지나면 가루가 떨어지기도 하고 지저분해집니다. 석회질이 기공(氣孔)을 막아 통기성이 떨어지기도 하죠.
이렇게 더러워진 토분은 세척하면 다시 깨끗해집니다. 큰 용기에 뜨거운 물을 붓고 구연산을 첨가해 반나절 정도 담가 두면 석회질이 녹아서 떨어져 나갑니다. 찜통에 화분을 넣고 삶으면 효과가 더욱 좋습니다.

흙

| 흙의 종류-분갈이 흙, 배양토, 상토, 다 같은 흙 아닌가요? |

흙의 배합과 성분이 조금씩 다를 뿐, 그 흙이 그 흙 맞습니다! 세 가지 흙의 공통점은 배수가 잘되고 통기성, 보습력이 좋다는 것입니다. 분갈이 시 어떤 흙을 사용해도 상관없어요. 식물의 특성에 맞는 흙을 선택해 분갈이해 주세요.

보수력 좋은 흙

피트모스 : 수생식물이나 습지식물의 잔재가 연못 등에 퇴적되어 나온 유기물질입니다. 가볍고 보수력이 뛰어나며, 병균이나 해충이 없는 무균 상태예요.

코코피트 : 코코넛 껍질의 섬유질을 제거하고 분쇄해 얻는 흙입니다. 보수력이 뛰어나고 입자 사이의 통기성이 좋아 식물의 뿌리 성장에 도움을 줍니다. 여러 흙을 섞어 만드는 상토에 가장 높은 비율로 들어갑니다(60~70%).

질석 : 모래보다 1/15 정도 가볍고 통기성과 보습력이 뛰어납니다. 무균 상태이므로 파종이나 삽목에도 많이 사용해요. 입자가 작은 것보다 큰 것이 좋습니다.

수태 : 물에 불려 사용하는 이끼입니다. 항균 작용이 있어 곰팡이나 세균의 발생을 억제해요. 토피어리를 제작하거나 베고니아를 키울 때, 화분의 습도를 유지할 때 주로 사용합니다.

바크 : 나무껍질을 고온에서 찐 것을 말해요. 에어플랜트의 공중걸이 화분에 많이 사용합니다.

배수가 잘되고 통기성이 좋은 흙

마사토 : 화강암이 오랫동안 풍화되어 잘게 부서진 산모래로, 통기성이 좋고 배수가 잘됩니다. 주로 배수층을 만들 때 사용하며, 입자의 크기별로 쓰임이 다양해요. 먼지가 많이 날리므로 세척 마사토를 구입하는 것이 좋습니다.

펄라이트 : 진주암을 고열 처리한 흰색 흙입니다. 배수가 잘되고 통기성과 보습력 모두 뛰어나요. 매우 가벼워서 무거운 마사토 대용으로 많이 사용합니다. 입자가 크고 가루가 적어 좋아요.

난석 : 배수가 잘되고 통기성과 보습력 모두 좋아요. 무게가 가벼워 마사토 대용으로 배수층을 만들 때 사용하며, 입자의 크기별로 쓰임이 다양합니다.

훈탄 : 짚, 낙엽 등을 태운 재를 인분과 섞어 만든 거름으로, 살균 효과가 있고 음이온을 방출해 뿌리 발달에 도움을 줍니다. 또한 호기성 미생물을 증식시키고, 배수성과 통기성을 높여 줍니다.

[tip] 분갈이 흙 패키지
종류별로 흙을 모두 갖추기 부담스럽다면 편리하게 패키지로 구입합니다. 관엽식물용과 다육식물용은 흙의 배합이 다르므로 패키지 구입 시 참고하여 구매해 주세요.
흙 패키지 구매 : 내뜨레 www.naitre.co.kr

| 식물, 화분에 따른 흙 배합 |

상토에 마사나 난석을 깔고 분갈이해도 좋지만 식물을 좀 더 잘 키우고 싶다면 적당한 흙 배합에 도전해 보세요. 개인적으로는 상토 베이스에 배수성, 통기성이 좋은 흙을 배합해 분갈이하는 것을 선호합니다.

시중에 파는 흙 vs 직접 배합한 흙

왼쪽:시중에 판매되는 일반 상토+배수층 /
오른쪽:관엽 및 초화류 흙 배합+배수층

배수성과 통기성이 좋은 흙을 더 섞으면 흙과 흙 사이에 공기를 많이 머금게 되어 공기가 더욱 잘 통합니다. 더불어 과습 방지에도 효과적이에요.

뿌리가 살아 숨 쉬는 흙 배합(비료, 배수층 제외)

구분	상토	펄라이트 or 마사토	훈탄	질석
관엽 및 초화류	7	2	0.5	0.5
목본류 및 다육식물	5	3	1	1

식물의 특성 및 화분의 종류, 크기에 따른 흙 배합

플라스틱 화분이나 시멘트 화분일 경우 통기성을 높여 주는 흙을 추가로 넣어 과습을 예방합니다. 식물의 특성과 화분의 종류 및 크기에 따라 다르게 배합해 보세요.

구분 기준	보습력을 높게	통기성이 높게
물을 좋아하는 식물	O	
물을 싫어하는 식물		O
큰 화분에 심은 식물		O
작은 화분에 심은 식물	O	
토분에 심은 식물	O	
플라스틱/시멘트 화분에 심은 식물		O

step4.
**건강하게
키우기**

빛

직사광선 : 아무런 장애물 없이 정면으로 비치는 빛. 실외는 물론 실내의 창문을 열었을 때 들어오는 빛도 해당됩니다.
양지 : 볕이 바로 드는 곳을 말합니다. 창문을 투과한 직사광선이 가장 많이 비치는 곳을 의미합니다.
반음지 : 해가 들어오는 장소에서 반 정도 그늘진 곳을 뜻합니다.
음지 : 빛이 전혀 들지 않는 곳입니다. 식물이 살기에는 적합하지 않으므로 주기적으로 양지나 반음지로 옮겨 빛을 쐬게 하거나 조명 등을 이용해 빛을 공급해 주어야 해요.

왼쪽:양지 / 오른쪽:반음지

일조량이 부족할 경우 : 꽃눈이 형성되지 않고 마디 사이가 길어지면서 웃자랍니다.
일조량이 과할 경우 : 잎이 화상을 입습니다.

왼쪽:양지에서 키운 모습 / 오른쪽:반음지에서 키운 모습

양지에서 자란 식물은 마디 구간이 짧고 잎이 촘촘하게 자라는 반면 음지에서 자란 식물은 마디 사이가 길어지면서 웃자란 모습입니다.

물

며칠에 한 번씩, 구입할 때 안내받은 대로 물을 줬는데 식물이 죽는 이유는 무엇일까요? 그러한 규칙이 농원에서는 통할지 모르지만 우리에게는 맞지 않기 때문입니다. 집집마다 환경이 모두 다른 것이죠. 가드닝 세계에 '물주기 3년'이라는 말이 있습니다. 일정한 규칙이 아니라 경험을 통해 식물을 알아 간다는 뜻이에요. 그럼, 올바른 물주기 방법에 대해 알아볼까요?

| 화분 특성 파악 |

아래의 순서대로 수분 증발이 빠른 화분이니 참고합니다. 또한 화분이 작을수록 물마름이 빠르기 때문에 수시로 체크하는 것이 좋아요.

- **테라코타 화분(토분)** : 통기성이 좋아 수분이 빨리 증발합니다.
- **옹기** : 표면에 유약을 바른 화분으로, 토분보다는 통기성이 떨어집니다.
- **도자기/플라스틱/시멘트 화분** : 공기가 전혀 통하지 않기 때문에 물마름 속도가 더딥니다.

| 흙 상태 확인 |

왼쪽:수분이 많은 흙 / 오른쪽:겉흙이 마른 흙

흙의 물마름 상태는 육안으로도 구분할 수 있지만 손끝의 촉감으로 판단하는 것이 가장 좋은 방법입니다. 손으로 만져 물기가 있는지 없는지 판단해 보세요.

| 물주기 방식 |

- **두상관수** : 일반적인 물주기 방식으로, 흙 위에 물을 줍니다. 물이 위에서 아래로 빠져나가면서 흙 속에 있던 공기를 내려 주고 동시에 뿌리가 호흡하는 데 필요한 새로운 산소를 공급합니다.

- **저면관수** : 화분보다 큰 용기에 화분을 담고, 화분 바깥의 용기에 물을 부어 뿌리부터 물을 흡수하도록 하는 방식입니다. 다육식물이나 잎과 줄기에 물 닿는 것을 싫어하는 식물에게 적용하면 좋아요.

| 물주기 |

겉흙이 마르면 물을 주는 경우

화분의 겉흙(맨 위에 깔린 흙)이 말랐는지 눈으로 먼저 확인하고, 판단이 어렵다면 손으로 만져 봅니다. 손에 닿은 흙이 물기가 없다면 뿌리가 골고루 물을 흡수할 수 있도록 화분 밑으로 물이 흘러나올 때까지 물을 듬뿍 주세요.

속흙까지 말랐을 때 물을 주는 경우

물과 친하지 않거나 과습이 쉽게 오는 식물, 또는 크고 깊은 화분에서 자라는 식물은 속흙까지 말랐을 때 물을 줍니다. 크고 깊은 화분은 흙이 수분을 많이 머금고 있기 때문에 속흙까지 말랐을 때 물을 주어야 과습을 예방할 수 있어요.

[tip] 속흙 상태 확인하기

· 손으로 확인하기
겉흙이 마른 화분을 손으로 찔러 속흙의 물마름 상태를 확인합니다.

· 나무젓가락 이용하기
마사 등이 덮여 흙 상태를 알기 힘들다면 나무젓가락을 깊숙이 넣어 상태를 알아봅니다. 이때 젓가락을 바로 꺼내면 흙 속의 수분을 흡수하지 못해 제대로 구분할 수 없으니 수분을 머금을 수 있도록 조금 기다렸다가 꺼냅니다. 속흙이 마르지 않았다면 젓가락 색이 진하게 변하고 흙이 묻어 나옵니다. 속흙이 마른 상태라면 젓가락에 흙이 묻어 나오지 않아요. 그래도 구별이 어렵다면 흙을 파 보는것도 좋습니다.

[tip] 화분 위에 돌은 싫어요
겉흙 위에 마사나 자갈을 올려놓은 모습을 흔히 볼 수 있는데, 물을 줄 때 흙이 튀지 않고 미관상 좋을지 몰라도 흙의 상태를 제대로 파악할 수 없어 물주기 시기를 파악하기 어렵습니다. 따라서 흙 위를 장식하는 것은 되도록 피하는 것이 좋아요.

| 과습 예방법 |

겉흙이 마른 상태에서 잎이 힘없고 고개를 숙이고 있다면 물마름 상태입니다. 반면 겉흙에 촉촉하게 수분이 남아 있는데도 고개를 숙이고 있다면 과습 상태입니다. 수분이 과한 것이므로 이때는 물주기 간격을 늘리는 것이 좋아요. 특히 생장 활동이 둔한 겨울에는 물마름 현상도 더디므로 물주기 간격을 늘려 주세요.

| 그 밖에 |

- 직수보다는 하루 이틀 받아 놓은 물이 좋아요. 수돗물의 염소 성분이 제거된답니다.
- 차가운 물 대신 미지근한 물을 줍니다. 찬물에 화상을 입는 식물도 있어요.
- 밤보다 오전에 물을 주는 것이 식물의 생장 활동에 좋아요.
- 여름에는 기온이 낮은 아침이나 저녁에 물을 줍니다.
- 겨울에는 기온이 높은 시간대에 물을 줍니다.

온도와 습도

세상에는 다양한 식물이 있습니다. 식물마다 생육에 필요한 온도를 유지해 줘야 잘 자랄 수 있어요. 실내식물은 대부분 15~24℃ 사이의 온도에서 잘 자라며, 추위에 약한 편이니 각 식물의 최저 월동 온도, 즉 식물의 생장과 상태를 유지할 수 있는 가장 낮은 온도를 체크해 냉해를 입지 않도록 주의합니다.
습도는 낮은 것보다 높은 것이 좋습니다. 실내식물은 대부분 열대 지방이나 아열대 지방이 원산지이므로 기온이 따뜻하고 습도가 높은 환경에서 잘 자라요. 습도를 60~80% 사이로 일정하게 유지해 주면 식물을 더욱 건강하게 키울 수 있습니다. 하지만 습도가 너무 높아도 줄기나 잎이 썩고 곰팡이가 잘 생기게 되니 주의해야 합니다. 반면 습도가 그보다 낮을 경우 잎끝이 갈색으로 마르거나 마른 잎이 떨어집니다. 필요한 온습도가 비슷한 식물을 모아 함께 배치해 두면 좀 더 적합한 환경에서 관리할 수 있습니다. 온습도계를 두고 그날그날의 온도와 습도를 확인하는 것도 좋은 방법입니다. 온습도계는 해가 비치지 않는 그늘 아래에 설치해 두어야 정확한 온습도 정보를 알 수 있어요. 위치에 따라 온습도를 다르게 감지할 수 있으니 참고합니다.

- 고온 다습한 환경이 필요한 종류 : 베고니아, 싱고니움, 아디안텀, 칼라데아, 몬스테라

- 고온 건조한 환경이 필요한 종류 : 올리브나무, 티트리, 호주매화, 마오리 3종, 유칼립투스
- 건조한 환경이 필요한 종류 : 제라늄, 산세베리아, 녹영, 삭소롬
- 휴면기에 서늘하게 키워야 하는 종류 : 화목류, 옥살리스, 히아신스, 소사나무

[tip] 실내 습도를 올리는 방법
· 큰 용기에 마사나 돌을 깔고 물을 부은 후 그 위에 화분을 올려놓습니다(이중화분 효과).
· 분무기로 식물 주변에 물을 분무합니다.
· 가습기를 작동해 습도를 높입니다.
· 낮은 곳에 화분을 모아 두면 식물의 증산작용으로 습도가 올라갑니다.

[tip] 실내 습도를 낮추는 방법
· 창문을 열어 환기합니다.
· 난방을 하거나 제습기를 작동해 습도를 낮춥니다.

통풍

식물은 광합성 작용을 통해 이산화탄소를 흡수하고 산소를 방출하는데, 통풍이 잘되지 않으면 산소의 농도가 높아지고 이산화탄소의 농도가 낮아져 원활히 광합성을 할 수 없습니다. 광합성을 제대로 하지 못해 저항력이 약해진 식물은 병충해가 생기기 쉽고 제대로 자라기 힘들어요. 또한 통풍이 불량하면 실내의 온습도가 높아져 식물과 흙, 화분에 곰팡이가 생기기도 합니다.
통풍을 위해서는 공기의 흐름이 원활하도록 만들어야 합니다. 창문을 열어 안팎의 공기를 순환시키고 선풍기나 서큘레이터를 이용해 공기 회전율을 높여 주는 것이 좋습니다. 다만 겨울철에는 하루 중 최고 온도인 낮 시간에 잠깐만 환기합니다. 환기도 중요하지만 실내의 온습도가 낮아질 수 있으니 주의해야 해요. 겨울에는 5분에서 10분 정도로 짧게 집 안 전체를 환기해 주세요.

step5.

**옷
갈아입기**

분갈이

나의 예쁜 반려식물에게 잘 맞는 옷을 입혀 주세요. 쑥쑥 크는 게 눈에 보이는 식물이 있는 반면 비실비실 잘 자라지 않는 식물도 있습니다. 그럴 땐 화분 바닥의 구멍을 살펴봅니다. 뿌리가 구멍 사이로 빼꼼 나와 있지는 않나요? 그렇다면 화분을 뒤집을 때가 되었습니다. 분갈이를 해야 할 때예요. 잘 크는 식물이더라도 눈여겨봐야 합니다. 혹시 옷이 작지는 않은지 말이에요. 분갈이가 필요한 신호를 한번 체크해 볼까요?

- 화분에 뿌리가 꽉 차 물마름이 빠르다.
- 화분 구멍 밖으로 뿌리가 빠져나온다.
- 흙이 굳어 물이 잘 빠지지 않는다.
- 뿌리가 썩어 식물 아랫잎이 시든다.
- 흙에 곰팡이가 생긴다.
- 성장이 느리다(양분이 좋지 않은 경우).

(tip) 분갈이 시기
분갈이는 봄가을에 해 주세요. 분갈이 몸살이 덜하고 안정적으로 뿌리를 내립니다.

(tip) 오래된 묵은 뿌리를 정리하는 이유
화분 안에서 오래 자란 뿌리는 시간이 지나면서 노화합니다. 노화한 뿌리는 물이나 비료를 제대로 흡수하지 못하고 뿌리의 역할을 제대로 수행하지 못하게 됩니다. 새로운 뿌리가 내리도록 묵은 뿌리를 제거해 주어야 식물의 생장이 원활해집니다.

소품 분갈이

1 준비하기

분갈이할 식물과 새 화분, 분갈이 흙을 준비합니다. 새 화분은 기존 화분보다 1.5배 정도 큰 것이 적당해요.

(tip) 분갈이 전 여러 화분에 식물을 넣어 보고 적당한 크기를 찾습니다. 또한 식물의 습성에 맞는 화분을 선택해야 식물이 더욱 건강하게 자랄 수 있어요.

2 식물 빼내기

화분을 뒤집어 아래쪽을 잡고 누르면서 식물을 조심스럽게 분리합니다.

뿌리가 꽉 찬 모습

3 식물 정리하기

뿌리에 붙은 흙을 털어 낸 다음 엉키고 묵은 뿌리를 살짝 긁어내 정리합니다.

4 배수층 만들기

화분 바닥에 깔망을 넣고, 물이 잘 빠지도록 그 위에 마사토를 1/5 정도 넣습니다.

[tip] 화분이 깊을 경우 마사토의 비율을 좀 더 높여주세요.

5 식물 넣기

마사토 위에 분갈이 흙을 화분의 2/5 정도 채워지도록 올리고 식물을 넣은 뒤 수형을 고려해 위치를 잡습니다.

6 흙 다지기

빈 공간에 흙을 채워 주세요. 흙을 너무 많이 채우면 물을 줄 때 흙이 밖으로 튈 수 있으므로 화분보다 2~3cm 낮게 채웁니다.

7 물주기

분갈이 후 물을 흠뻑 주고 뿌리가 안정적으로 자리 잡을 때까지 일주일가량 반음지에 두고 관리합니다.

(tip) 분갈이 후 바로 비료를 주면 뿌리가 상합니다. 비료는 한 달 정도 지난 후에 주세요.

중·대품 분갈이

1 준비하기

분갈이할 식물과 새 화분, 분갈이 흙을 준비합니다. 새 화분은 기존 화분보다 1.5배 정도 큰 것이 적당해요.

2 식물 빼내기

화분에 뿌리가 꽉 차고 흙이 굳어 빼내기 어려운 상태일 경우 화분 가장자리와 물구멍에 갈퀴를 돌아가며 넣어 틈을 만든 후 화분을 눕혀서 식물의 밑동을 잡고 살살 빼 주세요.

tip 간혹 굵은 뿌리가 화분 밖으로 나와 식물을 화분과 분리하기 어려울 때가 있습니다. 이럴 때는 과감하게 밖으로 나온 뿌리를 자르거나 화분을 깨 주세요.

뿌리가 꽉 찬 모습

3 식물 정리하기

묵은 뿌리를 갈퀴로 살살 긁어 1/3 정도 제거한 후 가위로 잔뿌리를 다듬어 줍니다. 중·대품은 소품에 비해 뿌리를 정리했을 때 식물의 몸살이 덜하고 상태가 나빠지거나 죽는 등의 위험이 적은 편이에요.

[tip] 뿌리가 극도로 예민한 식물은 살짝만 정리한 뒤 그대로 옮겨 심는 것이 좋습니다.

4 배수층 만들기

화분 바닥에 깔망을 넣고, 물이 잘 빠지도록 그 위에 난석을 1/5 정도 넣습니다.

[tip] 화분이 깊을 경우 스티로폼 조각을 먼저 넣고 난석을 올리면 무게를 줄이고 과습을 예방할 수 있어요.

5 식물 넣기

난석 위에 분갈이 흙을 2/5 정도 되도록 올리고 식물을 넣은 뒤 수형을 고려해 위치를 잡습니다.

6 흙 다지기

빈 공간에 흙을 채워 주세요. 흙을 너무 많이 채우면 물을 줄 때 흙이 밖으로 튈 수 있으므로 화분보다 3cm 정도 낮게 채웁니다.

7 가지치기

분갈이를 하며 불필요한 가지가 보이면 잘라 냅니다.

8 물주기

분갈이 후 물을 흠뻑 주고 뿌리가 안정적으로 내릴 때까지 일주일가량 반음지에 두고 관리합니다.

[tip] 분갈이 후 바로 비료를 주면 뿌리가 상합니다. 비료는 한 달 정도 지난 후에 주세요.

step6.

**취향껏
키우기**

수형 관리, 가지치기

죽지 않고 건강하게 자라는 식물에게 고마운 마음이 듭니다. 이렇게 잘 크는 식물을 보면 더 예쁘게 키우고 싶은 욕심이 생겨나지요. 수형 관리에 정답은 없습니다. 내 눈에 예쁘면 되는 것이죠. 가지치기는 수형을 만들기 위해 가지를 자르는 일입니다. 자신감을 가지고 잘라 보세요. 자르고 나니 전보다 미운 것 같고 잘 자른 게 맞나 긴가민가할 테지만 그럴 필요 없습니다. 취향껏 만들어 가면 됩니다. 거듭할수록 손질 후의 모습을 예측할 수 있는 감이 생길 거예요. '망했다'가 '잘했다'로 변하는 마법, 천천히 시작해 보세요.

| 가지치기 종류 |

식물은 가지마다 마디가 있어요. 마디에서 줄기나 잎, 또는 뿌리가 나기 때문에 가지치기할 때에는 마디 위로 가지를 잘라야 합니다. I 모양이었던 가지를 자르면 곁순이 생겨나면서 Y 모양으로 늘어나 수형이 더욱 풍성해집니다.

- **솎아주기** : 자연스러운 수형을 만들기 위해 불필요한 가지를 자르는 것을 말해요. 위로 뻗은 가지, 안쪽으로 뻗은 가지, 아래로 향한 가지, 마른 가지, 평행한 가지(나란히 자라는 가지), 겹친 가지, 뿌리에서 나온 가지 등이 해당됩니다.
  자르는 순서 : 굵은 가지>얽힌 가지>잔가지
  배우러 가기 • 올리브나무(114쪽)

- **절단하기** : 모든 가지를 중간 부분에서 짧게 자르는 것을 말해요. 자른 부위에서 다시 많은 가지가 뻗어 나와 풍성해집니다.
  배우러 가기 • 베고니아(244쪽)

- **깎아 다듬기** : 나무 표면의 새싹을 고르게 깎는 것을 말해요. 자른 부위의 마디에서 잔가지가 다수 생겨 풍성하게 만들 수 있습니다.
  배우러 가기 • 유칼립투스(268쪽), 티트리(224쪽), 호주매(228쪽), 양골담초(190쪽)

- **순지르기(순따기)** : 줄기 끝에서 나오는 잎을 새순이라고 하며, 순지르기는 이 새순을 잘라 내는 것을 말해요. 순을 자르면 그 옆에서 여러 순, 즉 곁순이 돋아나 식물이 더욱 풍성하게 자랍니다. 순지르기는 주로 크기가 작은 소품에 많이 응용해요.
  배우러 가기 • 페라고늄(274쪽), 휘카스 움베르타(122쪽), 스트렙토카르푸스 삭소룸(170쪽)

tip 가지치기 후 웃자라거나 꽃이 피지 않는 이유
뿌리는 그대로인데 가지를 한꺼번에 많이 자르면 양분이 남아돌아 무서운 기세로 웃자랍니다. 자극을 받은 나무는 원래 크기로 되돌아가려는 성질도 있다고 해요. 그렇기에 한 번에 가지를

많이 자르는 것보다는 여러 번에 걸쳐 조금씩 손질하는 것이 좋습니다. 또는 가지를 친 만큼 그에 비례하도록 뿌리도 정리해 주는 것이 좋아요. 또한 꽃눈이 생기는 가지를 자르면 꽃이 피지 않습니다. 나무별로 꽃눈이 맺히는 위치를 확인하고, 꽃눈이 형성되기 전이나 꽃이 진 후에 가지치기를 해야 합니다. 식물마다 가지를 치는 시기가 다르므로 미리 확인하는 것이 좋습니다.
/ 가지치기 방법은 2~4장에서 자세하게 소개합니다. /

번식

식물을 키우다 보면 열매가 맺혀 수확도 하고, 모체 옆에 조그맣게 새끼가 자라고 있는 게 보이기도 합니다. 힘들게 키우고 나니 번식까지 하고, 뿌듯한 기분이 듭니다. 이제, 번식의 기쁨과 나누는 정을 느껴 볼 차례예요.
/ 다양한 번식 방법은 2~4장에서 자세하게 소개합니다. /

| 번식 종류 |

- **유성생식** : 암수 개체가 생식세포를 만들고 그 생식세포가 다시 결합해 새로운 개체가 되는 생식 방법입니다. 씨앗을 이용한 번식 방법으로, 종자번식이라고도 해요. 씨앗을 파종해 새로운 개체를 만들어 내는 방법입니다.

- **무성생식** : 암수 개체가 필요 없이 한 개체가 단독으로 새로운 개체를 형성하는 것으로, 영양번식이라고도 합니다. 모체의 줄기나 잎을 절단해 그로부터 뿌리를 내리게 하는 방법으로, 모체의 성질을 그대로 가지고 있어 바로 꽃을 피우거나 열매를 맺기도 합니다. 종자번식에 비해 시간을 단축할 수 있는 것이 장점이에요.

    포기 나누기 : 뿌리와 줄기가 붙은 상태에서 여러 포기로 나누어 번식시키는 방법입니다.
    배우러 가기 · 휴케라(238쪽)

    휘묻이 : 덩굴성 식물 또는 부드럽고 긴 식물의 가지를 휘어 일부를 흙에 묻고 뿌리를 내리게 하는 방법입니다.
    배우러 가기 · 녹영(72쪽)

    꺾꽂이(삽목) : 식물의 가지, 줄기, 잎 등을 잘라 흙에 꽂아서 뿌리 내리게 하는 방법으로, 잎꽂이와 줄기꽂이 등이 이에 해당합니다.

    - **잎꽂이** : 잎을 잘라 잎맥이나 잎줄기 끝으로 뿌리를 내리게 합니다.
        배우러 가기 · 베고니아(244쪽)

- **줄기꽂이** : 모체의 줄기를 잘라 흙이나 물에 꽂으면 마디나 자른 단면에서 뿌리를 내립니다.

  배우러 가기 • 페라고늄(274쪽), 브레이니아(160쪽), 휘카스 움베르타(122쪽)

구근번식 : 비대해진 구근을 쪼개어 따로 심거나 자연 증식으로 생겨난 구근을 수확해 심는 방법입니다.

배우러 가기 • 옥살리스(258쪽)

자구번식 : 모체에서 번식한 개체를 분리해 번식시키는 방법입니다.

배우러 가기 • 필레아페페 로미오이데스(118쪽)

step7.
**아픈 식물
치료하기**

병충해

식물도 키우다 보면 위기가 오기 마련입니다. 가드닝을 포기하게 되는 가장 큰 이유는 병충해가 아닐까 싶어요. 애지중지 키웠는데 잎이 후드득 떨어지며 죽어 가는 모습을 보면 너무도 안쓰럽죠. 식물의 면역력이 약해졌거나 환경이 부적절한 것일 수 있고, 때로는 식물을 들일 때 화원이나 농장에서 병충해를 옮아오기도 합니다. 그러니 포기하지 마세요. 식물은 생각보다 강하답니다. 충해가 발견되면 친환경관리제를 사용해 치료하고, 그래도 해결되지 않으면 농약을 사용합니다. 다만 농약은 인체와 자연환경에 해로우므로 주의해서 사용해야 합니다. 또한 농약은 온라인으로 구매할 수 없으므로 가까운 종묘사를 이용해 주세요.

| 충해 |

- **깍지벌레** : 잎이나 줄기에 붙어 식물의 즙액을 빨아 먹는다.
  증상) 분비물로 인해 잎에 윤이 나고 만지면 끈적거려요. 또한 검게 그을음병이 나타나기도 합니다.
  원인) 통풍이 불량하고 건조한 환경
  퇴치제) 메머드

- **진딧물** : 주로 새잎이나 새 가지의 여린 부분에 붙어 즙액을 빨아 먹는다.
  증상) 잎이 오그라들고 영양 부족으로 식물이 잘 자라지 못해요. 배설물로 그을음병을 일으킵니다.
  원인) 따뜻하고 건조한 환경
  퇴치제) 코니도

- **응애** : 크기가 작아 눈으로 보기 힘든 거미류로 즙액을 빨아 먹는다.
  증상) 잎과 가지 사이에 거미줄이 생기고 잎이 변색되며 마릅니다.
  원인) 통풍이 불량하고 건조한 환경
  퇴치제) 파발마, 살비왕, 노블레스, 쇼크
  (tip) 약에 대한 내성이 강하므로 약을 두세 종류 구비해 교대로 살포해 주세요.

- **온실가루이** : 주로 잎의 뒷면에서 식물체 즙액을 빨아 먹는다.
  증상) 잎 뒷면에 알을 낳습니다.
  원인) 따뜻하고 건조한 환경
  퇴치제) 메머드

- **총채벌레** : 검은색의 작고 긴 벌레로, 유충일 때는 노란색을 띤다. 잎에 알을 낳고 식물의 즙액을 빨아 먹는다.

증상) 잎에 검은 반점이 생기고 노랗게 하엽이 집니다.
원인) 따뜻하고 건조한 환경
퇴치제) 에이팜, 캡틴

솜깍지벌레

깍지벌레 분비물

깍지벌레 그을음

응애

진딧물

총채벌레

| 병해 |

- 흰가루병
  증상) 잎과 줄기에 흰 가루가 묻어 있습니다.
  원인) 통풍 불량
  퇴치제) 베노밀(살균제)

- 탄저병
  증상) 잎이 타들어 간 것처럼 갈색 반점의 얼룩이 생깁니다.
  원인) 통풍이 불량하고 습한 환경
  퇴치제) 베노밀(살균제)

- 무름병
  증상) 줄기가 검게 변하고 물러집니다.
  원인) 통풍이 불량하고 습한 환경(특히 장마철)
  퇴치제) 베노밀(살균제)

[tip] 봄부터 가을에 걸쳐 미리 농약을 뿌리면 병충해를 예방할 수 있어요. 농약은 눈금이 표시된 약병에 담아 보관하면 사용하기 간편합니다. 대표적인 농약으로 살균제와 살충제가 있으며, 병뚜껑의 색으로 구분할 수 있습니다. 살균제는 병뚜껑이 분홍색으로, 병원균의 침입을 예방하거나 치료의 목적으로 사용합니다. 살충제는 병뚜껑이 초록색으로, 식물에게 피해를 주는 해충을 죽이기 위해 사용합니다. 농약 사용 시 주의할 점은 다음과 같습니다.
· 피해 증상에 맞는 약을 사용한다.
· 물에 희석한 농약이 남았을 경우 보관하지 않는다.
· 약이 몸에 닿지 않도록 주의한다.
· 바람이 불지 않는 날에 다룬다.
· 아이와 반려동물이 만지거나 먹지 않도록 주의한다.
· 정확하게 계량해서 사용한다.
· 사용한 도구는 깨끗이 세척해 보관한다.

step8.

**조금 더
욕심내기**

비료

물만 먹고 살 수 있나요? 식물에게도 좋은 건 다 해 주고 싶은데! 아무리 좋은 흙이라도 시간이 지나면 영양분이 사라집니다. 그런 흙에서 자라는 식물은 하엽 지고 꽃이 부실하게 피거나 열매를 맺지 못하죠. 이럴 땐 비료가 필요합니다. 비료를 먹고 자란 식물은 때깔부터 다르다는 점. 식물에게 비료는 필수입니다.

비료 역시 식물의 종류와 상태를 고려해서 줍니다. 일반적으로 성장이 활발한 봄에 비료를 주는 것이 가장 좋아요. 반면 휴면기에 접어드는 겨울에는 비료를 주지 않습니다. 또한 비료도 과하게 주면 오히려 식물이 힘들어하므로 설명서에 표기되어 있는 정량을 지켜 주세요.

| 비료의 3요소 N, P, K |

시중에 판매되는 비료에는 질소, 인, 가리의 비율이 표기되어 있습니다. 효과를 확인하고 필요한 요소의 비율이 높은 것으로 구매합니다.

- **질소(N)** : 단백질과 함께 엽록소의 주요 성분으로, 영양생장에 기여합니다. 잎이나 줄기를 키워야 할 때 필요합니다.
  부족한 경우) 잎이 누렇게 변하고 아랫잎이 하엽 집니다.
  과잉인 경우) 식물이 웃자라고 꽃이 잘 피지 않으며 병충해에 취약해집니다.

- **인(P)** : 세포핵의 주요 성분으로, 새 눈이나 가는 뿌리의 분열조직이 많이 분포되어 있습니다. 꽃을 피울 때, 열매를 맺을 때 주로 필요합니다.
  부족할 경우) 잎이 보랏빛을 띠고 잎맥 사이에 황화현상이 나타나며, 꽃이 잘 피지 않고 뿌리 발달이 더뎌집니다.
  과잉인 경우) 철, 아연, 구리 등의 결핍을 유발합니다.

- **가리(K)** : 탄수화물의 합성, 이동, 축적에 쓰이며 단백질의 합성에 관여하고 증산작용을 조절합니다. 뿌리의 발육을 촉진할 때 특히 필요해요.
  부족할 경우) 잎끝이 황화현상을 보이며 가장자리로 퍼지면서 갈변합니다. 또한 뿌리 발달이 저하돼요.
  과잉인 경우) 질소, 칼슘, 마그네슘의 흡수를 방해합니다.

| 시중에서 판매하는 원예용 비료 |

- **액상 비료** : 물에 희석해서 사용합니다.
- **고형 비료** : 분갈이 시 밑거름으로 주거나 흙 위에 얹어 놓습니다.
- **분말형 비료** : 물에 희석해서 사용합니다.

식물생장 LED 조명

꽃이 잘 피고 식물이 잘 사는 집에는 공통점이 있습니다. 탁 트인 전망에 해가 잘 드는 곳이라는 점이에요. 하지만 계절의 변화에 따라 해가 들어오는 시간이 길어지거나 짧아지기도 하죠. 한편 집이 저층이거나 다른 건물이 해를 막기도 하고 또는 집의 방향 때문에 해가 잘 들지 않기도 합니다. 빛이 부족하면 식물은 웃자랍니다. 이렇게 일조량이 부족해 생기 없고 웃자라는 식물에게는 식물생장 LED 조명이 꼭 필요해요. 이 조명은 식물의 생장에 영향을 주는 파장대의 빛을 내 생장을 돕습니다. 초기 투자 비용이 발생하지만 형광등에 비해 전기세가 낮고 수명은 반영구적이에요. 단점을 꼽자면 거부감이 들 수 있는 색입니다. 눈이 피로하고 집 안 분위기를 망치죠. 이러한 단점을 보완한 것이 백색 LED 조명입니다. 집 안 환경과 식물의 특성에 맞게 구비해 보세요.

적색광 : 광합성 및 생육 촉진(개화용)
청색광 : 잎 형태 형성 및 웃자람 방지(성장용)
공통 효과 : 생육 촉진, 웃자람 방지, 개화 시기 조절

백색광 : 청색과 노란색 파장 또는 적색과 녹색, 청색을 섞어 만든 것으로, 태양광과 흡사해 식물 생장용으로 많이 사용합니다.

[tip] 식물생장 LED 조명의 효과

일조량 부족한 그늘진 곳에서 키운 모습

LED 조명을 두어 웃자라지 않고 제라늄 특유의 발색이 올라온 모습

| 시중에서 판매하는 가정용 식물생장 LED |

- **전구** : 소켓 형태로, 레일 조명이나 스탠드에 조립해 사용할 수 있습니다. 스탠드 이용 시 자유롭게 이동할 수 있어 좋지만 적용 범위가 한정적입니다.

- **LED바** : 넓은 면적에 균일하게 빛을 줄 수 있습니다. 선반에 설치해 식물의 번식 재배용으로 사용하기 좋아요.

| 효과적인 식물생장 LED 조명 활용법 |

- 와트(W) 수 높은 전구를 하나 설치하는 것보다 와트 수 낮은 전구를 여러 개 설치하는 것이 더 효과적입니다. 적용 범위가 넓어지고 빛이 서로 중첩되어 좋습니다.
- 와트 수가 낮은 전구로 7~8시간 사용하는 것보다는 와트 수 높은 전구로 4~5시간 사용하는 것이 좋습니다. 높은 와트 수에서 광합성이 더 활발하게 일어나요. 즉, 와트 수 높은 전구가 여러 개인 것이 가장 좋지만 전기세가 많이 나올 수 있으니 적당히 조절합니다.
- 조명과 식물 사이의 거리가 가까울수록 좋습니다.
- 밤보다는 낮에 사용해 주세요. 식물도 밤에는 쉬어야 합니다.
- 타이머로 원하는 시간을 설정해 두면 자동으로 켜지고 꺼져 관리가 수월합니다.

step9.

**여름철/겨울철
관리**

여름철

흙 상태를 자주 체크합니다
물마름이 오지 않도록 물을 듬뿍 주세요. 수분 증발이 빠른 시기이므로 화분 아래로 물이 흘러나올 정도로 주는 것이 좋습니다.

불청객은 즉시 제거합니다
심은 기억도 없는데 귀여운 버섯이 빼꼼 올라왔나요? 상토 제조 시 버섯종균이 섞여 고온 다습한 기온에 발아되기도 하는데, 이는 발견 즉시 제거해야 합니다. 2차 감염의 위험이 있어요.

장마철에는 물주기를 멈춰 주세요
습도가 높아 과습이 올 수 있으며, 화분에 곰팡이가 생기기 쉽습니다.

선풍기나 서큘레이터, 식물에게도 하나 양보해 주세요
여름철일수록 통풍은 원활하게! 구석구석 바람이 통하도록 체크해 줍니다.

병충해 방제에 신경 씁니다
따뜻하고 습해 병충해가 생기기 쉬운 계절이에요. 살균제, 살충제를 미리 준비해 방제합니다.

에어컨은 싫어요
에어컨의 찬바람을 맞으면 식물이 몸살을 앓습니다. 같은 공간에 두더라도 바람의 영향을 받지 않게 해 주세요.

해가 너무 뜨거워요
뙤약볕이 내리쬐면 식물을 서늘한 곳으로 옮기거나 차광막을 쳐야 합니다. 식물이 화상을 입을 수 있어요.

물은 아침이나 저녁에 주세요
온도가 높을 때 물을 주면 잎이 타거나 줄기와 뿌리가 익을 수도 있습니다.

겨울철

온습도를 확인합니다
온습도계를 준비해 그날의 온도와 습도를 파악하세요. 식물의 생육 최저 온도를 체크해 대비합니다. 온습도계는 2개 이상 구비할 것을 추천합니다.

찬바람을 막아 주세요
창문 틈새로 들어오는 바람에 힘들어하는 식물이 있습니다. 창틀에 틈새가 있나 확인하고 문풍지를 붙여 바람을 막아 주세요.

식물의 위치를 바꿔 줍니다
따뜻한 공기는 위에, 차가운 공기는 아래에 머물러 있어요. 선반이 있다면 추위에 약한 식물을 위쪽으로 옮깁니다. 선반이 없을 경우 대품 화분에 얹어 놓아도 좋아요. 바닥의 냉기를 막기 위해 받침을 이용해도 좋습니다. 또한 베란다 안에서도 창가 쪽과 거실 쪽의 온도 차이가 큰 편이므로 추위에 약한 열대식물이나 관엽식물은 안쪽으로, 추위를 잘 버텨 내는 식물은 창가 쪽으로 이동합니다.

신문지, 에어캡을 활용해 보온합니다
신문지나 에어캡으로 화분을 아래까지 덮어 주면 보온 효과가 있습니다. 밤이나 새벽의 찬 기운을 어느 정도 피할 수 있어요.

step10.

**함께하지
못할 때**

반려식물과 함께 생활하면 집을 오래 비우기 힘들어요. 바로 물주기 때문입니다. 정성껏 키운 나의 식물을 한순간에 잃을 수는 없죠. 반려식물 호텔은 반려견 호텔처럼 보편화되어 있지 않은 데다 지인에게 맡기는 방법도 마음이 편치 않습니다. 반려식물을 혼자 두어야 할 때, 장기간 집을 비우거나 여행을 다녀와도 안심할 수 있는 방법을 소개합니다.

혼자서도 잘 먹어요-물주기

급수기 : 급수기에 물을 담아 화분에 꽂으면 흙 속으로 물이 서서히 스며들어요. 물을 주기 불편한 위치에 있는 화분에 물을 줄 때에도 유용합니다. 구멍이 크고 각도로 물주기를 조절하는 제품보다 물이 미세하게 흡수되는 심지 또는 숯돌로 된 제품을 추천합니다.

심지 : 한쪽 심지는 화분에 심고 나머지 한쪽은 물통에 연결해 심지를 통해 서서히 물을 공급해 주는 방법으로, 물을 공급하는 물통이 화분보다 높이 있어야 합니다.

저면관수 : 낮고 넓은 용기에 물을 받은 다음 화분의 밑부분이 잠기도록 담급니다. 물을 좋아하는 식물에게 특히 유용해요.

화분 위치 변경 : 양지에 둔 화분을 반음지로 옮겨 수분 증발을 더디게 만들어 주는 것도 좋은 방법입니다.

물마름 조절 : 흙 위에 젖은 천이나 신문지를 덮어 수분이 증발하지 않도록 합니다. 물을 좋아하는 식물은 물받침에 물을 채워 놓아도 좋아요(저면관수).

바람을 느껴요-통풍

장기간 집을 비울 경우 환기가 제대로 이루어지지 않아 병충해를 입을 수 있습니다. 타이머 콘센트로 선풍기나 서큘레이터의 작동 시간을 설정해 바람을 만들어 주세요. 한 시간에 2~30분씩, 낮에만 설정해 두는 것이 좋습니다.

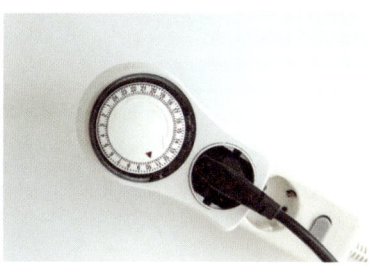

식물의 이름
- 학명과 보통(유통)명

식물은 하나인데 이름이 여러 개인 것을 보고 의아했던 적이 있을 거예요. 식물의 이름은 학명과 보통(유통)명으로 나뉩니다. 학명은 생물학에서 쓰이는 세계 공통적인 명칭을 말해요.

| 예시 |

학명 : *Cytisus scoparius*
　　　 속 명　　 종 명
유통명 : 애니시다, 금작화

학명의 표기 순서는 속명, 종명, 명명자(생략 가능)입니다. 모두 라틴어 방식으로 표기하고 발음해요. 유통명은 학명의 단점을 보완한 이름입니다. 라틴어로 된 학명은 생소한 데다 이름이 너무 길고 어려워 부르기도 쉽지 않죠. 학명이나 영명의 일부를 따오거나 식물의 생김새로 유통명을 짓기도 합니다. 유통명은 기억하기 쉽고 부르기가 편한 반면 학명에 비해 비과학적이고 이름이 여러 개인 경우가 많아 혼동하기 쉽다는 단점이 있어요.

예시로 든 애니시다는 일본에서 잘못 유통된 이름입니다. 속명 Cytisus(시티서스)와 비슷한 속명 Genista를 '제니스타'로 발음하다 점차 '애니시다'로 부르게 된 것이죠. 식물을 어디에서 수입해 오고 누가 이름을 짓느냐에 따라 유통명이 달라질 수 있습니다. 수입 식물이 인기인 요즘, 식물을 들일 때 정확한 학명을 알고 구입하는 것도 의미 있겠죠?

알아 두어야 할
가드닝 용어

물마름 : 흙 속의 수분이 증발한 상태, 흙이 마른 상태를 말합니다.

물주기 : 식물에게 물(양분)을 공급하는 일을 말합니다.

물을 말리다 : 흙이 말라 물을 줄 시기를 놓치거나 자의로 물 공급을 중단하는 것을 말합니다.

뿌리몸살 : 분갈이 시 뿌리를 건들거나 정리하면서 식물의 사이클이 깨져 잎과 줄기 등이 처지거나 잎을 떨구는 증상입니다.

꺾꽂이(삽목) : 번식의 한 종류로, 식물의 가지나 잎을 잘라 낸 후 다시 심는 것입니다.

공기뿌리(기근) : 줄기나 마디에 하얀 수염처럼 길게 생겨나 공기 중에 노출되는 뿌리를 말합니다.

알뿌리(구근) : 흙 속의 뿌리나 줄기, 잎 등이 동그랗게 알 모양으로 비대해 양분을 저장한 것을 말합니다.

자구 : 인경식물 등에서 뿌리의 주구에서 나오는 새끼구를 자구라고 합니다. 튤립, 히야신스 등에서 생겨요.

하엽 지다 : 식물의 잎 중에서 가장 아래쪽 잎이 떨어지는 것을 말합니다.

증산작용 : 잎의 기공을 통해 물이 기체 상태로 빠져나가는 작용을 말합니다.

백화현상 : 엽록소 부족이나 병충해로 인해 잎이 하얀색을 띠는 현상입니다.

황화현상 : 빛이 부족해 식물의 세포가 엽록소를 형성하지 못하면서 잎이 누렇게 변하는 현상입니다.

목질화 : 식물이 자라면서 줄기와 뿌리가 나무처럼 단단해지는 현상입니다.

pet plant & home gardening

2장.

선인장도 말려 죽이는 그대에게
초급 식물

극락조화

학명 *Strelitzia reginae*
유통명 극락조화

열대 우림의 이국적 분위기를 연상케 하는 식물, 극락조화입니다. 극락조라는 새를 닮은 꽃을 피운다고 해서 극락조화라고 부른답니다. 실제로 실내에서 꽃을 피운 모습을 보기는 힘들지만 꽃이 핀 모습은 보지 못하더라도 시원하게 뻗은 기다란 줄기와 초록 잎만으로도 매력 만점이라는 점! 병충해도 적고 키우기 무난해서 초보자가 집에 들여도 좋습니다.

빛 | 양지, 반음지
햇빛이 창문을 투과해 들어오는 양지나 반음지에서 키워 주세요. 해가 들어오지 않는 음지에서도 잘 크는 편이지만 줄기가 들쑥날쑥하게 자랍니다.

온도 | 최저 월동 온도 5℃(노지 월동 불가)
추위에 약한 편이지만 베란다에서는 겨울을 날 수 있습니다.

물 | 겉흙이 마르면 듬뿍 주기
극락조화는 뿌리가 굵은 편입니다. 뿌리가 물을 많이 저장할 수 있으니 과습에 주의하세요.

개화 시기 | 6~8월
일조량을 많이 요구하는 식물이기에 실내에서는 꽃을 보기 힘든 편입니다.

분갈이 | 배수가 잘되는 흙에 심기
거름이 많은 토양을 좋아합니다. 분갈이할 때 알비료를 섞어 심으면 좋습니다.

번식 | 종자번식, 영양번식(포기 나누기)

병충해 | 깍지벌레

추천 장소 | 베란다 안쪽(거실 쪽), 거실, 카페, 사무실

계절별 관리 |
봄 : 화분에 뿌리가 꽉 차면 성장이 더뎌집니다. 분갈이하기 좋은 계절이니 분갈이를 해 주세요.
여름 : 성장이 활발한 시기에요. 물마름이 빠르니 물주기 간격을 체크합니다.
가을 : 습도가 낮아지므로 잎이 갈라지지 않도록 잎에 자주 물을 분무합니다.
겨울 : 냉해를 입으면 목대가 검게 변하므로 찬바람에 주의합니다.

상록넉줄고사리

학명 *Humata tyermannii* (Davallia griffithiana)
유통명 흰토끼발고사리, 후마타

거미의 다리를 연상케 하는 뿌리줄기와 상록의 세세한 잎이 멋스러운 상록넉줄고사리에요. 털 달린 뿌리줄기, 부드러울 것 같지만 실은 뻣뻣한 조화 같은 잎이 이색적인 상록넉줄고사리는 포름알데히드 제거 능력도 뛰어납니다.

(tip) 넉줄고사리와 상록넉줄고사리
넉줄고사리는 우리나라의 야산이나 바위에 자생하며 겨울에 낙엽이 지고 이듬해 새순을 내는 품종을 말합니다. 상록넉줄고사리는 원예용 품종으로, 사계절 내내 푸른 잎을 유지합니다. 생김새는 같지만 상록넉줄고사리의 포자낭군은 작고 수수한 반면 넉줄고사리의 포자낭군은 더 크고 화려해요.

빛 | 양지, 반음지
햇볕에 장시간 노출되면 잎이 마르고 타서 우수수 떨어집니다. 통풍이 잘되는 양지나 반음지에서 키워 주세요.

온도 | 최저 월동 온도 0°C(노지 월동 불가)
야생 넉줄고사리와는 달리 겨울에도 녹색 잎을 유지합니다.

물 | 겉흙이 마르면 듬뿍 주기

번식 | 종자번식, 영양번식(포기 나누기, 포자번식)

병충해 | 응애, 온실가루이, 깍지벌레

추천 장소 | 베란다 안쪽, 반쯤 그늘진 곳, 거실, 침실

계절별 관리 |
봄 : 새순이 돋아나고 성장이 활발한 시기입니다. 새순이 마르지 않도록 물주기에 신경 써주세요.
여름 : 직광에 두면 잎이 탈 수도 있기 때문에 유리나 방충망, 그늘막 등에 빛이 한 차례 걸러 들어오는 곳으로 옮겨 주세요.
가을 : 건조한 계절에 잎이 생기를 잃고 끝이 마릅니다. 잎에 물을 분무해 주면 좋습니다.
겨울 : 영하로 떨어지지 않게 주의합니다. 추위에 강한 편이지만 냉해를 입을 수도 있어요.

수형 관리 | 취향껏 연출하기
겉으로 드러난 뿌리줄기는 뻗어 나가는 성질을 가지고 있어요. 착생식물이기 때문에 바위나 고목에 붙여서 키우기도 합니다. 어디에 심느냐에 따라 전체적인 수형이 달라지므로 화분이나 돌, 유목 등으로 다양하게 연출해 보세요.

분갈이 | 배수가 잘되는 흙에 심기
뿌리줄기에서 새잎이 돋아나므로 뿌리줄기를 흙 속에 파묻어서는 안 돼요. 흙 위로 보이도록 심어 주세요.

뿌리줄기에서 돋아난 새잎

목부작으로 연출한 모습

화분으로 연출한 모습

녹영

학명 *Senecio rowleyanus* Jacobsen
유통명 콩선인장, 콩란

가느다란 줄기에 완두콩 같은 잎이 신기한 다육식물 녹영입니다. 동그란 잎 때문에 외국에서는 진주목걸이(string of pearls)라고 부르기도 합니다. 높은 선반이나 걸이화분에 매달아 키우면 세상에서 제일 귀여운 녹색 커튼이 되어 준답니다. 녹영은 한여름을 제외하고는 늘 꽃을 보여 주기 때문에 더욱 재밌답니다. 꽃이 필 것처럼 생기지 않았는데 말이에요. 작고 하얀 꽃은 은은하게 향이 나며 꽤 오랜 시간 유지됩니다.

빛 | 직사광선, 양지
창에 걸러 들어오는 빛을 좋아하므로 양지에서 키우는 것을 추천합니다. 반음지에서 키울 경우 마디가 길어지고 줄기가 힘없이 툭툭 끊어집니다.

(tip) 다육식물을 실내에서 키우다 실외 또는 직광으로 바로 옮기면 강한 빛에 잎이 화상을 입기 쉬워요. 이동하기 전 삼십 분에서 한 시간, 두 시간 정도로 점점 시간을 늘려 가며 강한 빛에 적응하도록 도와주세요.

온도 | 최저 월동 온도 5℃(노지 월동 불가)

물 | 속흙이 마르면 듬뿍 주기
다육식물은 잎이 수분을 많이 머금고 있기 때문에 물을 자주 주지 않아도 됩니다. 습도가 높은 여름, 특히 장마철에는 물을 주지 않고 말리세요. '겉흙이 마르면 듬뿍'이라는 공식은 잊으세요. 습도와 더위에 취약하므로 물주기를 지속할 경우 줄기가 하나둘씩 끊어지고 검게 물러 죽습니다. 녹영은 건조에 강한 편이니 여름에는 흙을 바짝 말리고 동그란 잎이 쭈그러들면 물을 줍니다.

수형 관리 | 예쁘게 자라도록 해 보여 주기
녹영은 해를 많이 받을수록 잎이 작고 촘촘하게 자랍니다. 반대로 해를 받지 못하면 동그란 잎의 사이가 멀어지고 꽃도 피지 않아요. 한여름의 뙤약볕만 피해 주세요. 동그란 잎이 화상을 입을 수 있습니다.

분갈이 | 배수가 잘되는 흙에 심기
과습에 취약하므로 배수에 신경 써야 합니다. 화분에 준 물이 바로 흘러나오도록 배수가 잘되고 통기성 좋은 흙의 비율을 높여서 심어 주세요.

번식 | 종자번식, 영양번식(포기 나누기, 휘묻이, 줄기꽂이)
녹영은 번식이 쉬운 편입니다. 줄기가 너무 늘어지면 모체가 힘들기 때문에 끝부분을 잘라 주는 게 좋아요. 실수로 끊은 줄기가 있다면 번식에 도전해 보세요.

병충해 | 깍지벌레

주의 사항 | 아이나 반려동물이 있는 집
아이나 반려동물이 녹영의 동그란 잎을 따서 먹을 수 있습니다. 간혹 콩으로 오해하고 섭취하는 경우도 있어요. 하지만 녹영은 동그란 잎 안에 독성 물질이 들어 있어 섭취 시 구토나 설사를 유발할 수 있습니다. 먹지 않도록 주의해 주세요.

추천 장소 | 해가 들어오는 창가, 선반 위, 걸이화분을 걸 수 있는 곳

계절별 관리 |
봄 : 분갈이하기 좋은 계절입니다. 화분에 뿌리가 꽉 차고 영양분이 부족할 경우 줄기에서 공기뿌리가 생겨요. 공기뿌리가 나온 줄기는 잘라서 흙에 심으면 뿌리를 잘 내립니다.
여름 : 강한 볕에 잎이 타지 않도록 직광을 피하고 과습을 방지하기 위해 물을 말립니다.
가을 : 녹영이 다시 기운을 차리고 성장하는 시기입니다. 한 달에 한 번 비료를 주면 더욱 잘 자랍니다.
겨울 : 추워도 통풍은 필수입니다. 깍지벌레가 생기면 잎이 찐득거리게 되니 주의해야 해요.

꽃이 핀 녹영

녹영 줄기꽂이

덩굴식물인 녹영은 줄기가 흙에 닿으면 뿌리가 나옵니다.

준비물 : 줄기, 흙, 화분, 가위

1. 기다란 녹영 줄기를 5~6알씩 잘라 주세요.
2. 촉촉하게 젖은 흙 위에 녹영 줄기를 올립니다.
3. 잎이 살짝 묻힐 정도로만 흙을 덮어 주세요.
4. 뿌리가 나와 줄기가 자란답니다.

러브체인

학명 *Ceropegia woodii*
유통명 러브체인

부부의 금슬이 좋으면 잘 자란다는 식물이 있어요. 바로 러브체인이랍니다. 하트 모양의 잎이 두 장씩 사이좋게 자라고, 꽃말도 '끈끈한 사랑'이라 생긴 이야기 같아요. 이름도 무려 러브체인, '사랑의 사슬'입니다! 화분에 키워도 예쁘고 걸이화분으로 연출해도 좋아요.

빛 | 양지, 반음지
러브체인은 해를 좋아하는 식물입니다. 음지에서 키울 수도 있지만 줄기가 가늘어지면서 끊어지기 쉬워요. 양지에서 해를 많이 볼 경우 잎이 자주색으로 물들고, 그늘에서 키울 경우 녹색 잎을 유지합니다.

온도 | 최저 월동 온도 5℃(노지 월동 불가)

물 | 속흙이 마르면 듬뿍 주기
러브체인은 알뿌리와 잎에 물을 저장하는 다육식물입니다. 따라서 물을 너무 자주 주면 알뿌리와 뿌리가 썩어요. 화분의 흙이 완전히 마르면 물을 주세요.

수형 관리 | 기다란 줄기 잘라 내기
줄기가 너무 길고 치렁치렁하다면 잘라도 좋습니다. 자른 줄기 하나에서 여러 갈래로 새순이 나와요.

병충해 | 응애, 깍지벌레

추천 장소 | 해가 들어오는 창가, 선반 위, 걸이화분을 걸 수 있는 곳

계절별 관리 |
봄 : 봄부터 가을까지 비료를 주면 더욱 생기 있게 자랍니다.
여름 : 강한 직광을 좋아하지 않으므로 실내의 양지나 반음지로 옮겨 주세요. 직광에 두면 잎이 노랗게 마릅니다.
가을 : 성장이 활발해지며, 수형을 다듬어 주기 좋은 시기입니다. 자른 줄기로는 꺾꽂이에 도전해 보세요.
겨울 : 추워지면 휴면기에 들어갑니다. 과습이 오기 쉬우니 물주기 간격을 늘리세요.

분갈이 | 배수가 잘되는 흙에 심기
감자 같은 알뿌리가 여러 개 있어서 놀랐나요? 시중에 유통되는 러브체인은 작은 알뿌리 하나에 줄기가 이어진 형태로 여러 알뿌리가 심어져 있답니다. 조심히 들어 흙을 정리한 후 분갈이 할 화분에 옮겨 심어 주세요.

번식 | 종자번식, 영양번식(포기 나누기, 휘묻이, 줄기꽂이, 잎꽂이, 구근번식)
키우기도 쉽지만 번식도 참 쉬운 러브체인. 줄기를 잘라 흙에 심어도, 물꽂이를 해도 뿌리가 잘 나옵니다. 한 줄기가 오래 자라다 보면 동그랗게 주아가 맺히는데, 이것을 떼어 화분에 옮겨 심어도 뿌리가 납니다.

주아가 맺힌 모습

몬스테라

학명 *Monstera deliciosa thai constellation*
유통명 몬스테라

인테리어 하면 떠오르는 식물, 몬스테라입니다. 절화, 조화는 물론 포스터 속 그림으로도 집 안 곳곳에 두곤 하죠. 이국적인 매력이 있는 몬스테라, 화분으로 직접 키워 볼까요?

[tip] 몬스테라와 무늬몬스테라
몬스테라는 종류가 다양합니다. 그중에서도 무늬가 없는 일반 몬스테라와 무늬기 발현되는 무늬몬스테라가 있는데요. 일반 몬스테라는 성장이 빠르고 키우기 무난한 반면 무늬몬스테라는 성장이 더딘 편이며 빛과 습도, 물주기 등에 신경 써야 합니다. 키우기는 까다롭지만 잎사귀에 각기 다른 하얀 무늬를 그려 내는 매력이 있습니다.

빛 | 양지, 반음지
빛이 부족하면 성장이 더디고 마디가 길어져 밉게 자랍니다. 해가 걸러 들어오는 양지나 반음지에서 키워 주세요.

[tip] 무늬몬스테라의 잎이 타거나 얼룩이 생기는 현상
무늬몬스테라는 엽록소가 부족해 초록 잎보다 약한 편입니다. 잎끝이 잘 마르고 타지요. 더 많은 빛을 보여 주세요. 무늬가 자주 발현되고 깨끗하게 유지된답니다. 단, 흰 부분에 물이 묻으면 바로 닦아야 합니다. 물이 묻은 채 강한 빛을 받으면 그대로 얼룩이 생겨요.

온도 | 최저 월동 온도 15°C(노지 월동 불가)
밤 기온이 16°C 이하로 떨어지면 생장이 둔화합니다.

물 | 겉흙이 마르면 듬뿍 주기
아침에 잎에 이슬이 맺히는 일액현상은 습도가 높거나 물을 많이 흡수했을 때 생기는 현상이므로 물을 줄 때 참고합니다.

번식 | 종자번식, 영양번식(줄기꽂이)
몬스테라는 잎으로도 물꽂이를 할 수 있지만 시간이 오래 걸리기 때문에 추천하지 않습니다. 또한 꽃집에서 판매하는 절화로는 물꽂이 번식이 힘들어요. 기근이 붙어 있는 줄기로 물꽂이를 시도해 보세요. 한결 수월하게 뿌리를 내립니다.

병충해 | 응애, 깍지벌레

추천 장소 | 베란다, 거실, 침실, 사무실, 카페

계절별 관리 |
봄 : 화분에 뿌리가 꽉 차고 기근이 많이 생깁니다. 분갈이를 해 주세요.
여름 : 성장이 활발한 시기로, 물마름이 빠릅니다. 흙 상태를 자주 확인해 물을 주세요.
가을 : 봄부터 가을까지 비료를 주세요. 생기 있게 잘 자랍니다.
겨울 : 찬바람에 주의하세요. 냉해를 입으면 잎이 처지고 무릅니다.

분갈이 | 배수가 잘되는 흙에 심기
몬스테라는 흙을 가리지 않는 편입니다. 수경재배도 가능해요. 어느 흙이든 배수가 잘되도록 심는 것이 중요합니다. 줄기에서는 공기뿌리가 자라는데, 잘라도 무방하지만 성장이 더뎌지므로 흙 속에 뿌리를 내려 영양분을 흡수할 수 있게 흙에 닿도록 유도하는 것이 좋습니다. 기근을 방치하면 화분 바깥으로 길게 늘어져 자랍니다.

주의 사항 | 이제 막 돋아나는 새순은 아주 많이 연약해요. 잎 모양이 궁금하더라도 말려 있는 잎을 억지로 펼쳐 보지 않습니다. 연약한 잎이 찢어지거나 상처 입기 쉬워요.

몬스테라 수경재배

1 기근이 붙어 있는 줄기를 소독한 가위나 칼로 잘라 주세요.
2 잘라 낸 줄기를 물에 꽂습니다. 물은 3~4일에 한 번 갈아 주세요.
3 새로 뿌리가 나옵니다.

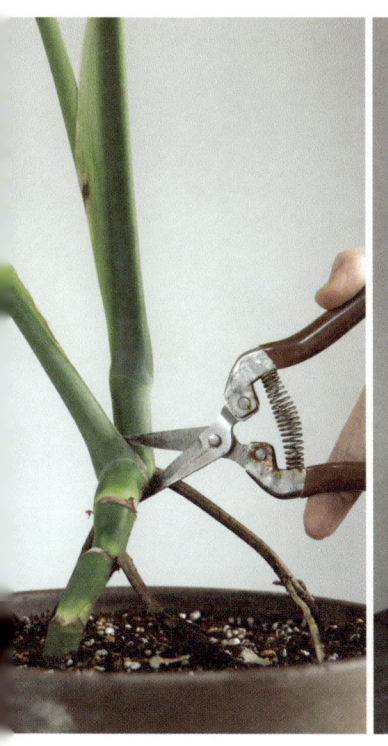

문샤인 산세베리아

학명 *Sansevieria trifasciata* cv. Moonshine
유통명 문샤인 산세베리아

산세베리아는 그저 삐죽하고 긴 풀, 변화도 없고 재미없는 식물이라 생각했는데, 그런 고정관념을 깨 준 산세베리아가 바로 문샤인이었어요. 신비로운 에메랄드빛과 우아한 라인이 매력적인 문샤인 산세베리아입니다. 토끼의 귀를 닮은 잎 때문에 더욱 청초해 보여요. 키우기도 쉬워 선물용으로 좋습니다.

빛 | 양지, 반음지
산세베리아는 빛을 좋아하는 열대식물이에요. 실내식물로 주목받고 있지만 그늘에서 오래 키울 경우 잎이 얇아지고 색이 빠집니다. 해가 비치는 양지나 반음지에서 키우는 것을 추천해요.

온도 | 최저 월동 온도 13℃(노지 월동 불가)
원산지가 남아메리카인 만큼 추운 걸 싫어해요. 기온이 낮아지면 따뜻한 곳으로 옮겨 주세요.

물 | 겉흙이 마르면 듬뿍 주기
산세베리아는 건조에 강한 반면 과습에는 취약합니다. 키우기 쉽지만 물주기를 잘못해 떠나보내는 경우가 많습니다. 성장기인 초여름부터 가을까지는 겉흙이 마르면 물을 듬뿍 주고, 기온이 낮아지는 겨울부터 봄까지는 속흙까지 말랐을 때 듬뿍 주세요.

(tip) 수분이 부족할 경우 잎이 세로로 주름지고 쭈글쭈글해집니다.

분갈이 | 배수가 잘되는 흙에 심기
배수성이 좋은 흙을 많이 섞어 심어 주세요. 물이 잘 빠져 과습을 예방할 수 있습니다.

번식 | 종자번식, 영양번식(포기 나누기, 잎꽂이)

병충해 | 응애, 깍지벌레

추천 장소 | 주방, 공부방, 거실, 침실, 사무실

계절별 관리 |
봄 : 건조한 환경에 주의하세요. 바람이 잘 통하지 않거나 너무 건조하면 병충해가 생기기 쉽습니다. 통풍에 신경 쓰고 가끔씩 물을 분무해 습도를 관리해 주세요. 병충해가 생겼다면 농약으로 박멸합니다.
여름 : 성장이 활발해지면서 물마름이 빠릅니다. 흙 상태를 자주 확인해 물을 주세요.

가을 : 추워지기 시작하면 따뜻한 곳으로 옮깁니다.
겨울 : 휴면기로 들어갑니다. 과습이 오기 쉬우니 물주기 간격을 늘리세요.

[tip] 이상 증상 시 대처법
· 상처가 났어요
상처 난 부분이 검은색 또는 갈색으로 변하면 바짝 잘라 냅니다. 회복이 불가한 상태를 방치할 경우 상처 부위가 더 크게 번질 수 있어요. 산세베리아를 구입할 때는 상처가 있는지 꼼꼼하게 살펴봅니다.

· 잎이 삐쩍 말라요
그늘에서 오래 키울 경우 해를 보지 못해 마릅니다. 물이 부족해도 당연히 마르겠지요. 양지로 옮기고 흙이 말라 있다면 물을 듬뿍 주세요.

· 픽픽 쓰러져요
과습으로 뿌리가 썩어 아래부터 물러지고 있는 상태입니다. 과감하게 뿌리를 뽑아 무른 부분을 잘라 낸 다음 자른 단면이 꾸덕하게 마르면 잎꽂이나 수경재배로 키워 보세요.

블루스타고사리

학명 *phlebodium aureum blue star*
유통명 블루스타펀

물결 모양의 연약한 잎에 바닷빛을 내는 아름다운 고사리, 블루스타고사리입니다. 고사리도 이렇게 아름다울 수 있구나 하는 생각이 들죠. 관리도 무난해 식물을 처음 키우는 사람에게 많이 추천합니다. 책에서 소개하는 여러 식물 중 가장 순둥이가 아닐까 싶어요.

빛 | 양지, 반음지
고사리과 식물의 특성상 그늘을 좋아합니다. 따라서 많은 빛이 필요하지는 않지만 풍성하게 키우고 싶다면 해가 걸러 들어오는 양지나 반음지를 추천합니다. 직광에 두면 잎이 탈 수 있으니 주의해 주세요.

온도 | 최저 월동 온도 5℃(노지 월동 불가)

물 | 겉흙이 마르면 듬뿍 주기
다른 고사리와는 달리 습도에 민감한 편은 아니지만 물이 부족하면 잎끝이 검게 변합니다.

번식 | 종자번식, 영양번식(포기 나누기, 포자번식)
실내 가드닝에서 고사리의 포자번식은 극히 어렵습니다. 근경을 쪼개서 번식하는 것을 추천합니다.

병충해 | 없음

추천 장소 | 해가 들어오는 창가 옆, 선반 위, 거실, 카페, 사무실

계절별 관리 |
봄 : 분갈이를 해 주세요. 화분에 뿌리가 꽉 차면 성장이 더뎌집니다.
여름 : 성장이 활발한 시기로, 물마름이 빠르니 물주기를 꼭 체크합니다.
가을 : 비료를 주어 영양분을 보충합니다. 영양이 부족하면 잎끝이 노래져요.
겨울 : 영하로 떨어지지 않게 주의합니다. 추위에 강한 편이지만 냉해를 입을 수 있어요.

분갈이 | 배수가 잘되는 흙에 심기
뿌리줄기에서 새잎이 나오므로 근경이 흙 위로 보이도록 심어 주세요.

(tip) 잎이 갑자기 노랗게 변할 때가 있는데, 더 이상 그 화분에서 살 수 없다는 신호입니다. 화분 안에 뿌리가 꽉 찼거나 흙에 영양분이 없다는 뜻이죠. 기존 화분보다 조금 큰 화분에 분갈이를 하거나 뿌리를 정리한 후 기존 화분에 새 흙을 넣어 다시 심어 주세요.

선인장 1 : 백도선, 로드킬

학명 *Opuntia microdasys* var. *albispina* Fobe., *Consolea rubescens* Lemaire

세상에서 제일 키우기 쉬운 식물, 무엇일까요? 화원에 가서 제일 키우기 쉬운 식물, 잘 안 죽는 식물 좀 추천해 주세요, 하고 물으면 아마도 선인장이라고 답할 거예요. 한 달에 한 번 물만 주면 되니까. 그런데 정말 그럴까요? 선인장도 말려 죽인 적이 있다며 식물 키우기를 꺼려 한다면, 그럴 필요 없습니다. 물주기만 조심하면 선인장도 쉽게 키울 수 있어요. 우리, 선인장에 대해 다시 알아보기로 해요.

선인장과 식물은 2,000종 내외로, 나무선인장아과(Peireskioideae), 부채선인장아과(Opuntioideae), 기둥선인장이과(Cereoideae)의 3군으로 크게 나뉩니다. 수많은 선인장 중에서도 특히 사랑받는 선인장을 몇 개 소개할게요. '토끼 귀' 모양의 백도선(부채선인장아과)과 '만세' 포즈로 유명한 로드킬(기둥선인장아과) 선인장입니다. 로드킬은 가시가 퇴화되어 가시 없는 선인장으로 불리기도 해요. 반면 백도선의 가시는 머리카락보다 얇기 때문에 따갑지는 않지만 미세하더라도 가시이므로 만질 때 조심합니다.

빛 | 양지
창에 걸러 들어오는 빛을 좋아하므로 양지에서 키워 주세요. 직광에서 키울 경우 화상이 생겨 노랗게 딱지가 생길 수 있으며, 빛을 충분히 받지 못하면 동그란 자구가 길게 웃자랍니다. 해가 잘 드는 곳에서 키워 주세요.

[tip] 간혹 선인장에 작은 밀짚모자를 씌워 판매하기도 하는데 벗겨 주는 것이 좋습니다. 모자를 쓰면 빛을 받지 못해 뾰족하게 웃자라요.

온도 | 최저 월동 온도 5°C (노지 월동 불가)
기온이 낮아 추워지면 몸통이 노랗게 변합니다.

계절별 관리 |
봄 : 생장이 왕성하므로 분갈이나 번식을 하기 좋은 때입니다.
여름 : 장마철에는 물을 주지 않고 물주기 간격을 늘립니다.
가을 : 기온이 내려가기 시작하니 꺾꽂이나 분갈이는 10월까지 해 주세요.
겨울 : 기온이 낮아 성장이 주춤한 시기로, 휴면에 들어가니 물 공급을 중단해 과습에 예방하세요.

물 | 잎에 주름이 질 때 물주기

선인장은 건조한 환경에서 자라는 식물인 만큼 잎 속에 수분이 많습니다. 겉흙 상태를 보기보다는 잎의 상태를 보고 잎에 주름이 생기면 저면관수를 합니다. 과습 시 아래쪽이 노랗게 변하며 물러지고, 물마름 시에는 몸체에 주름이 생깁니다.

수형 관리 | 서로 겹쳐 자라는 자구 제거

선인장을 오래 키우다 보면 몸체에서 자구가 많이 나오는데, 자구는 자라면서 서로 겹칠 수 있어요. 이렇게 서로 어긋난 가지가 생기면 통풍이 불량하고 상처가 생길 수 있으니 과감하게 자구를 떼어 냅니다.

물마름 신호로 주름이 생긴 모습

저면관수 후 주름이 사라진 모습

분갈이 | 배수가 잘되는 흙에 심기(마사토 8:상토 2)

선인장은 종류에 따라 1년이나 2년에 한 번 분갈이합니다. 백도선은 뿌리가 얇기 때문에 잦은 분갈이는 좋지 않아요. 분갈이 시 깊은 화분보다는 높이가 낮은 화분에 심어 주세요. 또한 선인장은 물을 좋아하지 않으므로 통기성 좋은 토분에 심으면 과습을 예방할 수 있습니다.

분갈이 직후에는 물을 주지 않습니다. 선인장은 건조하게 관리해야 하므로 뿌리가 활착하지 않은 선인장에게 물을 주면 무르거나 몸살을 앓을 수 있어요. 뿌리가 안정적으로 자리를 잡을 때까지 기다려 주세요. 1~2주일 후 잎의 상태를 보고 물을 줍니다.

번식 | 종자번식, 영양번식(포기 나누기, 줄기꽂이, 잎꽂이)

선인장은 번식력이 뛰어난 편입니다. 선인장을 절단하면 단면 옆으로 새로운 자구가 생기고, 절단한 선인장을 잘 말려서 심으면 뿌리가 납니다.

병충해 | 깍지벌레, 곰팡이

추천 장소 | 해가 들어오는 창가 옆

백도선 자구 제거 후 번식하기

1 겹쳐 있는 자구를 살살 돌리면 쉽게 떼어 낼 수 있습니다.
2 자구를 떼어 내 깔끔해졌어요.
3 떼어 낸 자구는 무르지 않도록 그늘에서 말립니다. 수분을 머금고 있으므로 제대로 말리지 않으면 무르거나 감염의 위험이 있어요.
4 떼어 낸 자구가 마르면 건조한 흙에 얕게 심어 주세요. 깊게 심을 경우 부패할 수 있습니다. 아랫잎이 주름질 때 저면관수를 합니다.

백도선 선인장은 부채선인장과입니다.

선인장 2 : 기둥선인장아과 선인장들

용신목, 백운각 등 생김새는 단순한데 존재감은 확실한 기둥선인장아과 선인장입니다. 뾰족한 가시가 위협적으로 보이는가 하면 꽃처럼 예쁘게 생긴 가시도 있어요. 크기가 큰 선인장은 카페나 집 안 한곳에 두어 포인트를 주기 좋답니다.

빛 | 양지
창에 걸러 들어오는 빛을 좋아하므로 양지에서 키워 주세요. 직광에서 키울 경우 화상이 생겨 노랗게 딱지가 생길 수 있으며, 빛을 충분히 받지 못하면 동그란 자구가 길게 웃자랍니다. 해가 잘 드는 곳에서 키워 주세요.

온도 | 최저 월동 온도 5°C (노지 월동 불가)
기온이 낮아 추워지면 몸통이 노랗게 변합니다.

물 | 일조량과 계절의 변화에 따라 물주기
한결같은 모습으로 물이 필요한지 아닌지 판단하기 어려우므로 잎의 주름진 상태나 환경의 변화에 따라 주기적으로 물을 주는 것이 좋습니다.

[tip] 기둥선인장 물주기 간격
일조량이 5시간 지속되는 경우 : 15~20일에 한 번(봄가을)
일조량이 3시간 미만일 경우 : 한 달에 한 번(여름)
겨울 : 두 달에 한 번

수형 관리 | 화분을 돌려 가며 여러 방향으로 빛 보여 주기
빛을 골고루 받지 않으면 한쪽으로 기울어져 자랍니다.

(tip) 햇빛을 많이 받는 부분에서 자구가 활발하게 생성됩니다.

분갈이 | 배수가 잘되는 흙에 심기(마사토 8:상토 2)
뿌리가 굵고 깊게 내리기 때문에 높이가 있는 화분에 심어 주세요. 노화된 뿌리가 있다면 정리한 후 바로 화분에 심지 않고 정리한 부분이 꾸덕하게 마른 후에 심습니다. 가시가 많은 경우 선인장을 신문지로 감싼 후 분갈이합니다. 가시에 찔리지 않게 주의하세요.

(tip) 기둥선인장은 분갈이 후 물을 주는 시기가 일반 선인장에 비해 오래 걸리는 편입니다. 짧게는 한 달에서 길게는 몇 달까지 물을 주지 않기도 해요. 물을 주지 않아 몸체에 주름이 많이 지지만 물을 주면 주름진 몸체는 금방 회복된답니다.

번식 | 종자번식, 영양번식(포기 나누기, 줄기꽂이, 잎꽂이)
기둥선인장의 번식은 시간이 오래 걸려요. 절단면을 꾸덕하게 말리는 시간이 다른 선인장에 비해 오래 걸리기 때문입니다. 짧게는 한 달에서 몇 달까지 시간이 걸리는 품종도 있어요.

병충해 | 깍지벌레, 곰팡이
깍지벌레는 아침저녁 일교차가 심하거나 통풍이 안 되는 곳에서 주로 발생합니다. 한 달에 한 번씩 정기적으로 약을 쳐서 예방하는 것이 좋아요.

추천 장소 | 해가 들어오는 창가 옆

계절별 관리 |

봄 : 생장이 왕성하므로 분갈이나 번식을 하기 좋은 때입니다. 겨울 단수 후 분갈이할 때에는 물을 주지 않는 것이 좋습니다.
여름 : 고온 다습한 계절이므로 특히 장마철에는 물을 주지 않고 물주기 간격을 늘립니다.
가을 : 기운을 차리고 성장하는 시기지만 기온이 내려가기 시작합니다. 꺾꽂이나 분갈이는 10월까지, 물주기 횟수는 점점 줄여 주세요.
겨울 : 기온이 낮아 성장이 주춤한 시기로, 휴면에 들어가니 물 공급을 중단해 과습에 예방하세요.

[tip] 선인장 이상 증상 시 응급조치
· 검은 반점 : 빛이 부족해서 생기는 현상입니다. 해가 잘 드는 양지로 옮기고 건조하게 관리해 주세요.
· 윗부분이 노랗게 변하거나 몸에 반점이 생기는 증상 : 직사광선의 피해입니다. 강한 햇빛 때문에 몸에 화상을 입었어요. 통풍이 잘되는 양지나 반음지에서 관리해 주세요.
· 주름 : 물이 부족하므로 저면관수로 물을 듬뿍 주세요. 물을 준 뒤에는 통풍이 잘되는 곳에 둡니다.
· 밑부분이 갈색으로 변하는 증상 : 목질화 현상입니다. 선인장을 오래 키우다 보면 자연스레 생기는 증상이에요.
· 밑부분이 무르고 검게 변하는 증상 : 과습으로 인해 썩고 있습니다. 소독한 칼로 썩지 않은 부분을 잘라 절단면을 꾸덕하게 말려 다시 심어 주세요.

시클라멘

학명 Cyclamen persicum
유통명 시클라멘

꽃 보기 힘든 추운 계절에 쉼 없이 꽃을 피워 주는 고마운 식물입니다. 11월부터 3월까지 꽃이 피고 지기 때문에 겨우내 꽃을 감상할 수 있어요. 꽃이 지면 미워지는 식물도 있는데, 시클라멘은 잎만으로도 굉장히 예쁘기 때문에 관상 가치가 뛰어납니다.

빛 | 양지, 반음지
꽃이 피는 동안에는 양지에서 키워 주세요. 꽃대가 쉼 없이 올라옵니다.

온도 | 최저 월동 온도 5°C(노지 월동 불가)
겨울에 꽃이 피는 만큼 시원한 것을 좋아합니다. 더위에 무척 약한 식물이에요. 기온이 오르면 휴면하므로 여름에는 음지에서 쉬도록 둡니다.

물 | 겉흙이 마르면 듬뿍 주기
건조에 강하고 과습에 민감한 편이므로 꽃대나 잎이 고꾸라질 때 듬뿍 물을 줍니다. 다년생 구근식물로, 잎이나 알뿌리(구근)에 물이 닿으면 쉽게 무르기 때문에 저면관수를 추천합니다.

수형 관리 | 묵은 잎 솎아주기
가을부터 초봄까지 계속해서 꽃대와 잎을 내는 식물입니다. 잎에 가려 흙 상태를 확인하기 어렵다면 맨 아래 잎을 떼어 냅니다. 또한 꽃과 잎 사이사이에 통풍이 원활해야 곰팡이나 무름이 덜해요. 곰팡이가 생길 수 있으니 시든 꽃대는 바로 정리합니다.

분갈이 | 배수가 잘되는 흙에 심기

번식 | 종자번식

병충해 | 응애, 온실가루이, 깍지벌레

추천 장소 | 해가 들어오는 창가 옆, 거실, 사무실

계절별 관리 |
봄 : 꽃은 지고 잎이 푸릇해집니다. 앙증맞은 하트 모양 잎을 감상하기 좋은 시기에요.
여름 : 휴면기이므로 물주기를 멈추고 서늘한 곳에 둡니다.
가을 : 기온이 낮아지면 다시 잎이 나옵니다. 물주기를 시작하고 양지로 옮겨 해를 보여 주세요.
겨울 : 쉼 없이 꽃대가 올라옵니다. 이때 비료를 주면 더욱 잘 자라요.

싱고니움

학명 Syngonium podophyllum
유통명 싱고니움

화원에 가면 자주 보이는 식물이 있습니다. 이름은 잘 모르지만 어디서 많이 본 식물! 그중 하나인 싱고니움을 소개합니다. 초심자도 쉽게 키울 수 있어 화원에서도 많이 추천하곤 해요. 사계절 내내 싱그러운 잎을 유지하며, 생명력이 강하고 병충해를 입어도 크게 몸살을 앓지 않죠. 너무 잘 커서 탈이랄까요? 품종도 다양해 취향대로 골라 키울 수 있습니다.

빛 | 양지, 반음지
양지에서 키우면 잎이 오밀조밀 작고 예쁘게 자랍니다. 그늘에서도 잘 자라지만 오래 두면 줄기가 길어지고 잎의 무늬가 없어지거나 색이 바래니 가끔씩 양지로 옮겨 빛을 보여 주세요.

온도 | 최저 월동 온도 10℃(노지 월동 불가)
싱고니움은 고온 다습한 환경을 좋아합니다. 습도가 낮을 때는 물을 분무해 주세요.

물 | 겉흙이 마르면 듬뿍 주기
건조하거나 과습 상태일 때 잎이 노랗게 변합니다.

분갈이 | 배수가 잘되는 흙에 심기

번식 | 종자번식, 영양번식(포기 나누기, 줄기꽂이)
공기뿌리 부분을 잘라 물꽂이를 하거나 흙에 바로 심어 주세요.

병충해 | 응애, 온실가루이, 깍지벌레

추천 장소 | 주방, 거실, 사무실

계절별 관리 |
봄 : 화분의 물구멍 밖으로 뿌리가 빼꼼 나오진 않았나요? 분갈이할 시기입니다.
여름 : 뜨거운 직광에 두면 잎이 탑니다. 서늘한 곳으로 옮겨 주세요.
가을 : 여름에 웃자랐을 테니 수형을 다듬어 풍성하게 키웁니다.
겨울 : 영하로 떨어지지 않게 주의합니다. 추위에 약해 냉해를 입을 수 있어요.

수형 관리 | 크게 자란 잎줄기는 과감히 잘라 내기

화분에 소복이 낮게만 자랄 줄 알았던 싱고니움. 자꾸 위로 자라면서 어느 순간 공기뿌리를 내더군요. 덩굴성 식물이라 기대어 올라가는 성질을 가지고 있습니다. 또한 시간이 지날수록 잎과 줄기가 커지기 때문에 작고 앙증맞은 잎과 소복한 수형을 보고 싶다면 과감하게 줄기를 자르고 새잎으로 다시 키우는 게 좋습니다. 잘라 낸 줄기는 수경재배나 꺾꽂이로 계속 키워 보세요.

실버펄 싱고니움 가지치기

핑크 싱고니움

수성 아이비(유통명)

아이비

학명 *Hedera helix*
유통명 헤데라

아이비는 품종이 다양해요. 우리나라에서 자생하는 '송악'도 헤데라의 한 품종이지요. 만만하게 봤다가 큰코다치는 식물이기도 한 아이비, 무럭무럭 잘 크다가도 갑자기 시름시름 앓다 죽어 버리기 일쑤입니다. 물도 잘 주고 분갈이도 했는데 도대체 뭐가 문제일까요? 지금부터 아이비에 대해 샅샅이 알아보겠습니다.

빛 | 양지, 반음지, 음지
아이비는 어디서든 잘 자라는 식물이에요. 직광에 두어도 괜찮답니다. 잎에 무늬가 있는 품종의 경우 빛을 못 보면 무늬가 없어지거나 옅어지니 무늬를 선명하게 유지하고 싶다면 해가 드는 곳에서 키워 주세요.

온도 | 최저 월동 온도 5℃(노지 월동 불가)
아이비는 더위에 약해요. 잘 자라다가 갑자기 죽는 이유로 더위가 한몫한답니다. 여름에는 서늘한 곳으로 옮겨 주세요.

물 | 겉흙이 마르면 듬뿍 주기
뿌리는 건조하고 잎은 습한 것을 좋아하는 식물이므로 겉흙이 마르면 물을 주고 잎에도 한 번씩 물을 분무해 주세요. 과습 상태일 경우 잎이 검게 변하고, 물이 부족하면 잎이 마릅니다.

분갈이 | 배수가 잘되는 흙에 심기

병충해 | 응애, 깍지벌레

추천 장소 | 거실, 침실, 공부방 책상, 주방 창가

계절별 관리 |
봄 : 화분의 물구멍 밖으로 뿌리가 빼꼼 나오진 않았나요? 분갈이할 시기입니다.
여름 : 더위를 많이 타므로 서늘한 곳에 옮겨 주세요.
가을 : 성장이 활발한 시기로, 수형을 다듬고 꺾꽂이에 도전해 봅니다.
겨울 : 추위로 성장이 멈추고 물마름이 더뎌집니다. 과습 예방을 위해 물주기 간격을 늘려 주세요.

수형 관리 | 늘어지는 줄기를 이용해 취향껏 키우기

덩굴성 식물로 줄기가 길게 자랍니다. 화분에 감아 주거나 공예용 철사를 이용해 길을 만들어 주세요. 아래로 늘어뜨려 키워도 좋습니다.

줄기를 화분에 감은 모습

철사를 이용한 수형 관리

번식 | 종자번식, 영양번식(포기 나누기, 휘묻이, 줄기꽂이)

아이비 수경재배

다양한 품종의 아이비

알리고무나무

학명 *Ficus binnendijkii Miq. 'Alii'*
유통명 좁은 잎 고무나무

길쭉한 이파리가 시원스러운 고무나무를 소개합니다. 다른 고무나무들과 달리 잎이 길어서 좁은 잎 고무나무라고도 부르는 알리고무나무예요. 날렵한 초록 잎이 멋스러운 한편 새순은 빨갛게 어여쁘답니다. 무늬를 가진 품종도 매력적이에요. 실내에서 무난하게 잘 자라니 키우지 않을 이유가 없습니다.

빛 | 양지, 반음지
고무나무는 빛이 많이 필요하지는 않지만 빛을 좋아합니다. 실내 안쪽보다는 통풍이 잘되고 간접광이 비치는 밝은 곳을 추천합니다.

온도 | 최저 월동 온도 0°C(노지 월동 불가)
열대식물로 고온 다습한 환경을 좋아하지만 추위에도 꽤 강한 편이에요.

물 | 겉흙이 마르면 듬뿍 주기
건조한 환경에서는 잎을 떨구고 잔가지가 마릅니다. 잎에 물을 분무해 습도를 높여주세요. 과습 상태에서는 잎이 노랗게 변하며 떨어집니다.

분갈이 | 배수가 잘되는 흙에 심기

수형 관리 | 위로 뻗치거나 옆으로 길게 뻗어 나오는 줄기 정리하기
잎이나 줄기를 자르면 흘러나오는 하얀 수액이 피부에 닿으면 트러블이 일어날 수 있으니 주의합니다.

번식 | 종자번식, 영양번식(줄기꽂이)

병충해 | 깍지벌레, 응애

추천 장소 | 베란다 안쪽, 반쯤 그늘진 곳, 거실, 침실, 사무실, 카페

계절별 관리 |
봄 : 화분의 물구멍 밖으로 뿌리가 빼꼼 나오진 않았나요? 분갈이할 시기입니다.
여름 : 성장이 활발한 시기로, 물마름이 빠르니 물주기 간격을 체크합니다.
가을 : 습도가 낮아지면 잎에 물을 자주 분무합니다. 건조하면 잎을 떨구고 잔가지가 마릅니다.
겨울 : 추위도 통풍은 필수입니다. 통풍 불량으로 깍지벌레가 생기면 잎이 찐득해집니다.

스킨답서스 픽투스

학명 *Scindapsus Pictus*
유통명 엔젤스킨, 스킨답서스

어릴 적, 엄마가 풍성하게 키워 집 안의 온 벽을 타고 자라던 스킨답서스. 수경재배가 가능해서 주방 한편에도 두었던 기억이 납니다. 무난하게 키우기 좋은 식물로, 지금은 품종이 많이 개량되어 취향껏 골라 키울 수 있어요. 그중에서도 에메랄드빛으로 반짝이는 무늬가 멋스러운 엔젤스킨을 소개합니다.

빛 | 양지, 반음지, 음지
빛이 있는 공간이라면 어디서든 잘 자라는 편입니다.

온도 | 최저 월동 온도 15°C(노지 월동 불가)

물 | 겉흙이 마르면 듬뿍 주기
스킨답서스 픽투스는 습도 높은 환경을 좋아하지만 과습 상태일 경우 잎이 노래집니다. 흙 상태를 확인하고 물을 주세요. 건조하면 잎끝이 마르고 갈색으로 변하는데, 잎에 분무를 해 주면 좋습니다.

분갈이 | 배수가 잘되는 흙에 심기

수형 관리 | 마크라메에 걸거나 선반에 올려 키우기
줄기를 길게 늘어뜨리며 자라는 덩굴성 식물이므로 마크라메에 화분을 걸거나 사다리, 선반 등에 올려 키웁니다. 가지를 위로 올려도, 아래로 자연스럽게 내려도 예쁘니 다양하게 연출해 보세요.

번식 | 종자번식, 영양번식(포기 나누기, 휘묻이, 줄기꽂이)

병충해 | 응애, 깍지벌레

추천 장소 | 해가 들어오는 창가, 선반 위, 걸이화분을 걸 수 있는 곳

계절별 관리 |
봄 : 봄부터 가을까지 비료를 주면 생기 있게 잘 자랍니다.
여름 : 직광에서는 잎이 탈 수 있으니 해가 걸러 들어오는 곳으로 옮깁니다.
가을 : 습도가 낮아지면 잎에 물을 자주 분무합니다.
겨울 : 추위에 약하므로 따뜻한 곳에 둡니다.

아르베키나 올리브나무(Arbequina Olive Tree)

올리브나무

학명 *Olea europaea Linnaeus*
유통명 올리브나무

인테리어용 식물로 급부상하면서 요즘 특히 카페에 가면 많이 보이는 올리브나무예요. 사시사철 푸른 잎을 유지하고 봄에는 꽃을, 가을에는 열매를 맺습니다. 열매는 먹을 수도 있기 때문에 더욱 인기 있죠. 천 년이 넘게 산다는 올리브나무, 잘 키워서 대대손손 물려줄까요? 올리브나무는 자가 수정이 가능한 품종과 두 그루 이상 있어야 열매가 열리는 품종이 있으니 반드시 확인하고 구입합니다.

빛 | 직사광선, 양지, 반음지
올리브나무는 해를 좋아하므로 빛이 잘 드는 곳에서 키웁니다. 빛이 부족하면 웃자라거나 잎이 크게 자라요.

온도 | 최저 월동 온도 -8°C(노지 월동 불가)
원산지가 지중해성 기후이므로 따뜻하고 건조한 환경을 좋아하지만 추위에도 강해서 베란다 월동이 가능합니다.

물 | 겉흙이 마르면 듬뿍 주기
물이 부족하면 잎이 동그랗게 말립니다. 이때는 화분 물구멍으로 물이 흘러나올 정도로 물을 주거나 저면관수를 합니다. 화분에 뿌리가 꽉 차면 물마름이 빨라지므로 조금 더 큰 화분으로 분갈이해 주세요. 과습일 경우에는 잎끝이 갈색으로 변합니다. 물주기를 멈추고 흙 상태를 확인하세요. 해와 바람이 잘 드는 곳에 두고 속흙이 마르면 다시 물주기를 시작합니다.

수형 관리 | 2~3월에 가지치기
올리브나무는 성장이 빠른 편이므로 가지치기를 통해 원하는 수형을 만들어 보세요. 다듬은 가지 사이로 새순이 나와 풍성해집니다. 봄에 꽃눈이 형성되어 여름에 개화하기 때문에 가지치기는 2~3월에 하는 것이 좋습니다. 다만 가지치기가 잦으면 열매를 보기 힘들 수 있으니 참고해 주세요.

분갈이 | 배수가 잘되는 흙에 심기

번식 | 종자번식, 영양번식(줄기꽂이)

병충해 | 개각충, 응애

추천 장소 | 해가 들어오는 창가 옆, 테라스, 옥상

계절별 관리 |

봄 : 화분에 뿌리가 꽉 차 성장이 더뎌질 수 있습니다. 분갈이해 주세요.
여름 : 성장이 활발한 시기로, 물마름이 빨라지니 물주기를 꼭 체크합니다.
가을 : 비료를 주어 영양을 보충해 주세요. 영양분이 부족하면 잎끝이 노래집니다.
겨울 : 추워지면 성장이 멈추고 물마름이 더뎌집니다. 과습이 오기 쉬우니 물주기 간격을 늘려 주세요.

올리브나무 가지치기

1 가지치기 전 모습입니다.
2 나란히 자라거나 서로 어긋나며 겹치는 가지를 정리해야 해요.
3 위로 뻗거나 아래로 향한 가지도 잘라 냅니다.
4 깔끔하게 가지치기합니다.
5 다시 새순이 돋아나 풍성해집니다.
6 순을 계속 지르며 풍성해진 올리브나무입니다.

[tip] 과습 상태에서 새순이 나오기 시작했어요
새순이 다치지 않도록 손상된 잎을 아래쪽으로 힘주어 떼어 냅니다. 나무에 비해 화분이 너무 크지 않은지, 배수가 잘되는 흙인지도 체크해 보세요. 물마름이 너무 더디다면 작은 화분에 옮겨 심거나 물이 잘 빠지도록 마사, 펄라이트 등을 추가해 다시 심습니다.

필레아페페로미오이데스

학명 Pilea Peperomioides
유통명 필레아, 필레아페페, 동전풀, 중국돈나무

동글동글한 잎이 귀여운 필레아페페로미오이데스. 잎이 동전처럼 생겨서 동전풀, 돈나무라고 부르기도 합니다. 식물을 처음 들이는 사람에게 추천해도 좋을 만큼 키우기 쉬운 식물이에요. 번식력이 좋아 '다산의 여왕'이라는 별명도 가지고 있지요. 귀여운 모양에 처음 반하고, 식구 늘리는 재미에 또 한 번 반하는 필레아랍니다. 좋은 환경에서는 포도송이를 닮은 하얀 꽃을 수시로 피워요.

빛 | 양지, 반음지
필레아는 해를 많이 받을수록 잎이 작고 촘촘하게 자랍니다. 해를 받지 못하면 잎줄기는 길어지고 잎이 커지면서 미워지므로 양지에서 키웁니다. 봄가을에는 직광에서도 쨍쨍하게 잘 자라지만, 바로 직광에 내놓으면 화상을 입을 수 있으니 조금씩 직광에 두는 시간을 늘려 가며 빛에 적응하도록 도와주세요. 여름에는 강한 빛을 피해 실내로 들여야 합니다.

온도 | 최저 월동 온도 10℃(노지 월동 불가)

물 | 겉흙이 마르면 듬뿍 주기
물과 빛을 좋아하는 식물입니다. 물과 빛이 부족하면 잎이 커지면서 마르니 물주기에 신경 써 주세요.

분갈이 | 배수가 잘되는 흙에 심기

병충해 | 깍지벌레

추천 장소 | 해가 들어오는 창가, 거실

계절별 관리 |
봄 : 분갈이하기 좋은 계절입니다. 비료를 주면 더욱 잘 자라요.
여름 : 잎이 화상을 입을 수 있으니 직광을 피해 실내로 들입니다.
가을 : 영양분을 고루 섭취할 수 있도록 잎자루가 큰 잎을 정리합니다.
겨울 : 냉해를 입을 수 있으므로 영하로 떨어지지 않도록 주의합니다.

수형 관리 | 빛을 고루 받도록 화분을 돌려 가며 키우기

잎자루 정리 : 빛을 골고루 받지 못하면 아래쪽의 묵은 잎이 점점 커지면서 잎줄기가 축 처집니다. 영양분이 새순에 집중적으로 전달되도록 묵은 잎들을 잘라 정리해 주세요.

모체와 자구 : 모체가 계속해서 자구를 내다 보면 양분이 자구로 가면서 모체의 성장에 영향을 줍니다. 모체를 크게 키우고 싶다면 자구는 생기는 즉시 제거해 주세요.

곁가지 정리 : 필레아를 오래 키우다 보면 줄기가 단단하게 목질을 이루게 됩니다. 이때 곁가지가 나오는데, 그대로 두고 풍성하게 키우거나 곁가지를 잘라 새로운 개체로 키울 수도 있습니다. 잘라 낸 가지는 화분에 심거나 수경재배로 길러 보세요.

번식 | 종자번식, 영양번식(줄기꽂이, 잎꽂이, 자구번식)

필레아는 잎꽂이도 가능하지만 자구번식을 잘 하는 식물이에요. 자구가 목대에 붙어서 나오기도 하고 모체 옆에 새로 자라나기도 하죠. 보이는 대로 자구를 바로 정리하지 말고 어느 정도 키운 다음 잘라서 화분에 옮겨 심으면 몸살 없이 잘 큽니다.

휘카스 움베르타

학명 *Ficus umbellata*
유통명 움벨라타 고무나무

잎이 크고 멋있는 휘카스 움베르타입니다. 고무나무의 사촌답게 공기 정화 능력이 탁월하고 산소를 많이 배출하며, 담배 냄새까지 흡수한다고 알려져 있는데요. 효과는 미미하지만 기능적 측면을 차치하더라도 커다란 초록 잎이 올곧게 뻗은 휘카스 움베르타의 모습은 그 자체만으로 충분히 매력적이랍니다.

빛 | 양지, 반음지
직광에서는 잎이 주름지고 탈 수 있습니다. 해가 걸러 들어오는 양지나 반음지에서 키워 주세요.

온도 | 최저 월동 온도 13℃(노지 월동 불가)
겨우내 잎 한 장 안 내다가도 봄이 되면 무서운 속도로 자랍니다. 봄부터 가을까지 성장이 활발하고 겨울에는 휴면하는 식물이에요.

물 | 겉흙이 마르면 듬뿍 주기
물이 부족하거나 너무 많이 주는 경우에는 잎이 노랗게 변하면서 떨어집니다.

분갈이 | 배수가 잘되는 흙에 심기
휘카스 움베르타는 뿌리몸살이 덜한 식물입니다. 성장이 빠른 여름에 뿌리가 많이 발달하게 되는데, 오래된 뿌리는 영양분을 제대로 흡수하지 못하므로 묵은 뿌리를 정리하고 새로운 뿌리를 내리게 만드는 것이 좋아요. 뿌리만 정리한 휘카스 움베르타는 화분의 크기를 늘릴 필요 없이 기존 화분에 그대로 다시 심어도 됩니다. 분갈이가 힘들다면 비료를 주어 영양분을 보충해 주세요.

수형 관리 | 곁가지 내기
고온 다습한 환경에서 눈에 띄게 성장합니다. 여름에 40cm 정도가 훌쩍 클 정도로요. 다만 막대기처럼 곧게만 자라기 때문에 풍성해 보이지는 않아요. 좀 더 풍성하게 키우고 싶다면 생장점을 잘라 곁가지를 내 줘야 합니다.

병충해 | 응애, 깍지벌레, 총채벌레
응애가 생기면 잎이 노랗게 변합니다. 이 경우는 회복하기 힘들기 때문에 잎을 바로 제거해 주세요.

추천 장소 | 베란다 안쪽, 반쯤 그늘진 곳, 거실, 침실

계절별 관리 |
봄 : 화분의 물구멍 밖으로 뿌리가 빼꼼 나오진 않았나요? 분갈이할 시기입니다.
여름 : 성장이 활발한 시기로, 물마름이 빨라지니 물주기 간격을 꼭 체크합니다.
가을 : 습도가 낮아지면 잎에 물을 자주 분무합니다. 건조한 환경에서는 응애가 생기기 쉬워요.
겨울 : 냉해를 입으면 잎을 다 떨구고 목대가 검게 변합니다. 찬바람에 주의하세요.

번식 | 종자번식, 영양번식(줄기꽂이)

휘카스 움베르타 곁가지 내기

1 휘카스 움베르타의 새순입니다. 생장점이라고도 해요. 이곳을 건들면 키가 크지 않습니다. 외목으로 곧게 키우고 싶다면 그대로 두고 키웁니다.

2 곁가지를 낼 새순을 톡 하고 땁니다.
   (tip) 새순을 자르거나 묵은 잎을 제거하면 하얀 진액이 흘러나오는데, 인체에는 무해하나 섭취하지 않습니다.

3 순따기 후 자국이 검게 아물고, 그 주위로 줄기가 여러 갈래 나온 모습입니다.

히아신스 · 튤립

학명 *Hyacinthus orientalis, Tulipa gesneriana*
유통명 히아신스, 튤립

겨울에서 봄 사이, 일찍이 봄 내음 가득 느끼게 만들어 주는 식물이 있어요. 봄을 알리는 히아신스와 튤립입니다. 많이 좋아하는 꽃들이라 가을에 심지 않으면 허전할 정도예요. 성장이 빠르고 키우기도 어렵지 않아 누구에게나 추천할 수 있습니다. 무엇보다 꽃을 쉽게 볼 수 있다는 점이 가장 매력적이죠. 수경재배도 가능한 추식 구근, 한번 키워 보실래요?

빛 | 직사광선, 양지, 반음지, 음지

온도 | 히아신스 최저 월동 온도 5℃(노지 월동 불가), 튤립 최저 월동 온도 -25℃(노지 월동 가능)

물 | 겉흙이 마르면 듬뿍 주기
습기에 취약합니다. 과습이 오지 않도록 주의하세요.

분갈이 | 배수가 잘되는 흙에 심기
배수성 좋은 마사토의 비율을 높여 주세요. 가을부터 그다음 해 초봄까지 알뿌리(구근)를 심으며, 알뿌리는 저온처리 된 것으로 구입합니다. 크기가 큰 것이 좋고 알뿌리에 상처나 곰팡이가 있는지 꼼꼼히 살펴봅니다.

추천 장소 | 해가 들어오는 창가, 거실

계절별 관리 |
가을 : 저온처리 된 알뿌리를 구입해 흙에 심거나 수경재배를 합니다.
겨울 : 싹이 나면 건조한 환경에서 키웁니다. 습기에 취약해 곰팡이가 생기기 쉬워요.
봄 : 꽃이 지고 잎이 시들 때까지 물을 적게 주면서 관리합니다.
여름 : 해가 들지 않는 서늘한 곳에 알뿌리를 보관합니다.

(tip) 꽃이 지고 난 후의 알뿌리(구근) 관리
통상적으로 꽃이 지면 꽃대를 자르고 비료를 주며 구근을 키우다가 휴면 시 서늘한 곳에 보관하는데, 저는 그 방법을 추천하지 않습니다. 히아신스, 튤립과 같은 퇴행성 구근은 해가 지날수록 구근이 작아지고 영양분도 손실되어 점차 잎만 무성하거나 꽃이 작게 피는데요. 우리나라 기후는 구근의 크기를 키우기에 적당하지 않은 데다 매우 오랜 시간과 많은 양분이 필요하기 때문에 저는 매년 새로 심는 것을 추천합니다. 저렴한 비용으로 다양한 품종을 키워 보세요!

수형 관리 | 알뿌리에 곰팡이가 생기지 않도록 관리

히아신스는 꽃대가 두 개 나오기도 해요. 첫 번째 꽃대의 가지가 무를 경우 두 번째 꽃을 위해 가위로 잘라 냅니다.

병충해 | 곰팡이, 뿌리파리

습하게 관리할 경우 곰팡이가 생기기 쉬워요. 곰팡이가 난 알뿌리를 캐서 곰팡이 부분을 닦아낸 다음 물에 희석한 과산화수소로 소독하고 물기를 없앤 후 다시 심습니다.

(tip) 물 3, 과산화수소 1의 비율로 희석해 사용합니다.

튤립 수경재배

화분에서 기르는 것보다 수경재배를 했을 때 성장이 더 빠른 편입니다.

준비물 : 용기, 자갈 · 난석, 알뿌리

1. 흙이나 물에 뿌리가 잘 내리도록 알뿌리에 붙은 껍질을 벗겨 주세요.
2. 튤립 알뿌리는 습기에 취약해 쉽게 무르고 곰팡이가 생깁니다. 상처나 곰팡이가 계속 번진다면 과산화수소로 상처 난 부분을 소독해 주세요.
   (tip) 물로 희석한 락스는 효과가 미약합니다.
3. 모구에 붙은 작은 자구를 제거합니다.
   (tip) 곰팡이 방지, 양분 흡수 억제
4. 준비한 용기의 바닥에 뿌리를 지지할 수 있도록 자갈이나 난석을 깔아 주세요.
   (tip) 너무 깊은 용기는 통풍이 불량해 알뿌리에 곰팡이가 생기거나 썩을 수 있습니다.
5. 그 위에 알뿌리를 얹고 아래쪽이 살짝 잠길 정도로 물을 채웁니다.

줄기와 꽃대가 올라오는 모습

꽃이 핀 튤립

히아신스 화분재배

히아신스는 알뿌리만으로 꽃의 색을 예측하기 어려운데, 유일하게 흰색 알뿌리는 흰색 꽃을 피웁니다.

준비물 : 화분, 흙, 알뿌리

1. 알뿌리를 준비하고 화분에는 배수성 좋은 흙을 넣습니다.
2. 흙 위에 알뿌리를 얹어 주세요.
3. 싹이 보일 정도로만 흙을 덮은 후 물을 듬뿍 줍니다.

   [tip] 예쁘게 꽃 피우기
   · 뿌리가 부러지면 다시 이어서 자라지 않고 생장이 부실해지므로 조심합니다.
   · 꽃대가 올라올 때 영양제를 주면 더욱 잘 자랍니다.
   · 꽃을 오래 감상하고 싶다면 추운 환경에서 키워 주세요.
   · 온도로 생장이나 개화 속도를 조절할 수 있어요. 자기 전에 냉장고에 넣거나 온도가 낮은 창가 쪽에 두면 됩니다.
   · 빛이 잘 들지 않는 곳에서 키워도 좋습니다. 튤립과 히아신스는 알뿌리 안에 생육에 필요한 영양분을 기본적으로 갖춰 두기 때문에 어디서든 잘 자라요. 단, 꽃대가 올라올 때는 빛을 보여 주세요. 이때 빛이 부족하면 꽃대가 웃자라거나 꽃의 색이 선명하지 않게 됩니다.

꽃대가 올라오는 모습

꽃이 핀 히아신스

pet plant & home gardening

3장.

좀 예민해도 괜찮아
중급 식물

글레코마

학명 *Glecoma hederacea* 'Variegata'
유통명 무늬병풀, 쑥향

레이스 모양의 잎과 무늬가 귀여운 글레코마입니다. 시원한 민트 향을 내뿜는 덩굴성 식물로, 노지에서는 바닥을 타고 자라지만 화분에서 키우면 줄기가 예쁘게 늘어져 마치 레이스 커튼처럼 자란답니다. 잎이 동글동글한 녹영과는 또 다른 느낌이죠. 하늘하늘 줄기도 아름다운 글레코마에 대해 알아볼까요?

빛 | 양지, 반음지
창에 걸러 들어오는 빛을 좋아합니다. 해를 보여 주지 않으면 마디 사이가 길게 자라요.

온도 | 최저 월동 온도 -8℃(남부 지방 노지 월동 가능)

물 | 겉흙이 마르면 듬뿍 주기
글레코마는 잎에 물이 닿는 것을 좋아하지 않아요. 위쪽에서 물을 주면 잎이나 줄기가 무를 수 있으므로 저면관수를 추천합니다.

수형 관리 | 취향껏 연출하기
덩굴성 식물인 만큼 길게 자라는 줄기를 위해 선반 위나 걸이화분에 늘어뜨리거나 원예용 철사를 이용해 줄기를 감아 키웁니다.

분갈이 | 배수가 잘되는 흙에 심기

번식 | 종자번식, 영양번식(포기 나누기, 휘묻이, 줄기꽂이)

병충해 | 응애, 온실가루이
응애가 생기면 잎에 반점이 생기면서 노랗게 변합니다.

추천 장소 | 해가 들어오는 창가, 거실, 선반, 걸이화분을 걸기 좋은 곳

계절별 관리 |
봄 : 분갈이를 하면서 늘어진 줄기도 정리해 주세요.
여름 : 고온 다습한 환경에 잎이 무르거나 응애, 온실가루이가 생기기 쉬우므로 창문을 열어 통풍에 신경 씁니다.
가을 : 다시 기운을 차리고 성장하는 시기이므로 시든 잎이나 줄기를 정리합니다.
겨울 : 날이 추워도 통풍은 필수입니다. 오밀조밀한 잎 때문에 병충해가 생기기 쉬워요.

잘못된 관리로 상한 글레코마 살려 내기

겉모습만 보고 판단하지 마세요. 뿌리가 살아 있다면 시간이 걸리더라도 다시 예쁘게 키울 수 있답니다.

1 저면관수를 하지 않아 물이 닿은 잎과 줄기가 무르고 상한 모습입니다. 여름철에 쉽게 나타나는 응애도 생겼네요. 줄기가 너무 길어 위아래 골고루 영양분을 받지 못했습니다.
2 글레코마는 마디 부분에서 새순을 내므로 마디 아래쪽의 상한 밑줄기는 과감하게 잘라 냅니다. 그 후 저면관수로 물을 주고 바람이 잘 통하는 양지에서 키워 주세요.
3 다시 새순이 난 글레코마의 모습

깜비나무

학명 *Wikstroemia indica*의 (L.) C.A.Mey
유통명 깜비나무(了哥王), 얌비루 깜비, 산닥나무

빨간 열매가 앙증맞은 깜비를 소개합니다. 길쭉하게 뻗은 이파리가 올리브나무를 떠올리게 하고 잘 익은 열매는 마치 앵두 같아요. 봄부터 가을까지 쉼 없이 꽃을 피우고 열매를 맺는 부지런한 나무입니다.

빛 | 직사광선, 양지
해와 바람을 좋아하는 식물이며, 조금이라도 통풍이 불량하면 응애가 생깁니다. 바람이 잘 통하고 해가 잘 드는 곳에서 키워 주세요.

온도 | 최저 월동 온도 0℃(노지 월동 불가)

물 | 겉흙이 마르면 듬뿍 주기
봄부터 가을까지 꽃을 피우므로 물마름에 주의합니다.

수형 관리 | 열매 솎아주기
열매가 많이 열리면 무거워서 가지가 축 처집니다. 늘어진 가지가 보기 싫다면 열매를 조금 솎아 주세요.

분갈이 | 배수가 잘되는 흙에 심기
배수성이 높아지도록 상토보다는 마사 비율을 높여 심어 주세요.

번식 | 종자번식, 영양번식(줄기꽂이)
열매는 먹을 수 없습니다. 수확한 열매 안의 씨앗을 심어 파종의 재미를 느껴 보세요.

병충해 | 응애

추천 장소 | 해가 잘 들어오는 창가 옆, 테라스

계절별 관리 |
봄 : 화분에 뿌리가 꽉 차면 성장이 더뎌지므로 분갈이를 해 주세요.
여름 : 성장이 활발한 시기로, 물마름이 빨라지니 물주기를 꼭 체크합니다.
가을 : 추위에 약하므로 날이 추워지면 따뜻한 곳으로 옮겨 주세요.
겨울 : 응애가 잘 생기므로 통풍에 신경 씁니다. 환기가 어려운 겨울철에는 선풍기나 서큘레이터를 활용하는 것이 좋아요.

라인골드

학명 *Thuja occidentalis* 'Rheingold'
유통명 라인골드

상록수는 정말 사철 내내 푸르기만 할까요? 여기 그 공식을 깬 상록침엽수가 있습니다. 측백나무의 한 종류인 라인골드예요. 계절마다 잎의 색이 변하는 매력적인 나무죠. 겨울에는 주황색으로 물들었다가 봄부터 색이 엷어지면서 여름에는 이름 그대로 금빛을 유지합니다. 겨울에 더 예뻐지는 나무, 라인골드를 소개합니다.

빛 | 직사광선, 양지
해가 잘 들고 바람이 잘 통하는 곳에서 키웁니다.

온도 | 최저 월동 온도 -37.2°C(노지 월동 가능)
라인골드는 내한성이 높아 노지 월동이 가능합니다. 외국에서는 정원수로 많이 사용하는 편입니다.

물 | 겉흙이 마르면 듬뿍 주기
침엽수는 물을 말리거나 과습이 심하게 온 경우 다시 살리기 힘든 식물입니다. 노지에서는 잘 자라지만 오히려 실내에서 까다로운 식물이에요. 흙 상태를 자주 확인해야 합니다.

분갈이 | 배수가 잘되는 흙에 심기
과습에 취약하므로 물빠짐에 신경 써야 합니다. 배수성, 통기성 좋은 흙의 비율을 높여 심어 주세요.

수형 관리 | 취향껏 다듬기
라인골드는 순따기를 하지 않아도 잎이 촘촘하게 잘 자랍니다. 있는 그대로 자연스럽게 두고 키워도 예쁜 나무예요. 각자 취향에 따라 전체적인 수형을 보고 가지치기 합니다. 밑동의 가지 부분만 정리해 토피어리 형태로 키워도 좋아요.

번식 | 종자번식, 영양번식(줄기꽂이)

병충해 | 개각충, 진드기
병충해에 강한 편입니다.

추천 장소 | 해가 들어오는 창가 옆, 테라스, 베란다

계절별 관리 |
봄 : 화분에 뿌리가 꽉 차면 성장이 더뎌지므로 분갈이를 해 주세요.

여름 : 성장이 활발한 시기로, 물마름이 빨라지니 물주기를 꼭 체크합니다.
가을 : 가지치기로 들쑥날쑥 많이 자란 가지를 다듬어 주세요.
겨울 : 추위로 성장이 멈추고 물마름이 더뎌집니다. 과습이 오기 쉬우니 물주기 간격을 늘려 주세요.

라인골드 가지치기

가지치기에 정답은 없습니다. 식물에게 무리가 가지 않는 선에서 원하는 수형을 생각하며 가지를 잘라 주세요.

가지가 아래로 뻗친 모습

아래쪽 가지만 정리한 모습

그다음 해 여름의 모습

라인골드의 계절별 변화

겨울의 라인골드

잎이 더욱 촘촘하게 자란 여름의 라인골드

이듬해 겨울의 라인골드(분갈이 후 밑동 가지 정리)

그다음 해 여름의 라인골드

마다가스카르재스민

학명 *Stephanotis floribunda*
유통명 넝쿨재스민

하얀 꽃에서 재스민 향기가 나 재스민이라고 이름 붙은 마다가스카르재스민입니다. 이름만 재스민이지 사실 재스민 종류와는 아무 관련 없는 덩굴성 식물이에요. 꽃도 좋지만 동글동글한 잎이 단정하고 예뻐서 어디에나 연출하기 좋습니다. 화분에 세운 지지대에 감아 키우거나 빈 벽을 타고 아름다운 선을 그려 내도록 키워도 근사해요.

빛 | 양지, 반음지
볕이 잘 드는 곳을 좋아합니다. 반음지나 음지에 두어도 잘 자라지만 꽃은 보기 힘들어요.

온도 | 최저 월동 온도 5℃(노지 월동 불가)
기온이 낮아지면 휴면기가 시작됩니다. 새순이 갑자기 노랗게 변하기도 하는데, 온도 변화에 따른 자연스러운 현상이니 걱정할 것 없어요. 상한 잎은 떼어 냅니다.

물 | 겉흙이 마르면 듬뿍 주기

분갈이 | 배수가 잘되는 흙에 심기

번식 | 종자번식, 영양번식(줄기꽂이)

병충해 | 응애, 깍지벌레, 진딧물
잎과 줄기가 건조하면 깍지벌레나 진딧물이 생기기 쉽습니다. 잎과 줄기에 물을 분무해 주거나 잎샤워를 시켜 주세요.

추천 장소 | 해가 들어오는 창가 옆

계절별 관리 |
봄 : 화분의 물구멍 밖으로 뿌리가 빼꼼 나오진 않았나요? 분갈이할 시기입니다.
여름 : 꽃대가 올라오는 계절이에요. 물을 말리면 꽃대가 마르므로 흙 상태를 꼭 체크합니다.
가을 : 건조한 환경에 응애나 깍지벌레가 생기기 쉬우니 통풍과 습도 관리에 신경 씁니다.
겨울 : 추워지면 휴면기에 들어갑니다. 과습이 오기 쉬우니 물주기 간격을 늘려 주세요.

개화 시기 | 6월에 꽃대가 나오기 시작하면서 7~8월에 꽃이 핍니다. 꽃은 향기도 좋지만 모양이 아주 예뻐서 유럽에서는 부케 등의 장식으로 많이 사용해요.

꽃대

수형 관리 | 덩굴을 활용해 인테리어 연출하기

재스민은 보통 덩굴 유인망에 감겨서 유통됩니다. 그대로 키워도 좋지만 이후에 더욱 풍성해지면 분갈이나 인테리어 활용 시 분리하기 까다롭기 때문에 구입 즉시 분리하는 것이 좋아요. 덩굴 유인망에 감겨 있는 재스민 덩굴의 끝(새순)을 찾아 다치지 않도록 조심스레 분리해 주세요. 새순이 떨어지거나 가지가 부러져도 걱정하지 마세요. 잎이 떨어진 줄기의 곁눈에서 새로운 잎이 나옵니다.

곁눈

마다가스카르재스민 인테리어 연출 예시

사다리나 벽 선반 장식은 화분의 이동이 쉬운 반면 빈 벽에 연출할 경우에는 잎샤워나 분무가 아무래도 부담스러워요. 고정된 상태라 옮기기 쉽지 않으니 화분에 물을 주고 잎은 젖은 천으로 닦아 먼지를 제거합니다.

- **사다리 선반**
  사다리 선반에 줄기가 자연스럽게 올라탈 수 있도록 줄기의 끝(새순)을 위쪽으로 인도합니다.

- **벽 선반**
  선반에 재스민을 두고 키우다 보면 줄기가 길어져 바닥에 닿기도 하는데, 이때는 원예용 철사로 원을 만들어 화분에 고정한 다음 줄기를 철사에 감아 주면 한결 깔끔해집니다.

- **빈 벽**
  맨 처음 벽에 줄기를 붙일 때에는 화분을 쉽게 이동할 수 있도록 느슨하게 고정합니다. 줄기는 테이프나 핀으로 고정하며, 줄기가 해가 비치는 쪽을 향해 자라기 때문에 줄기 끝(새순)을 해가 드는 쪽으로 유도하는 것이 좋습니다.

- **덩굴 유인망**
  재스민은 성장 속도가 빠른 편입니다. 금세 자랄 것을 염두에 두고 유인망의 1/3 정도만 감아 주세요. 화분을 돌려 가며 키우면 빈틈없이 풍성한 모습을 볼 수 있습니다.

사다리 선반

벽 선반

빈 벽

덩굴 유인망

애스토니 뮤렌베키아 · 코로키아 코토네아스타 · 소포라 프로스트라타

학명 *Muehlenbeckia astonii, Corokia cotoneaster, Sophora Prostrata* 'Little Baby'
유통명 마오리 컬렉션 3종(에스토니, 코로키아, 소포라)

지그재그 제멋대로 뻗은 멋스러운 가지에 앙증맞은 잎, 왠지 스산해 보이면서도 매력적이에요. 요즘 인테리어 식물로 사랑받고 있는 마오리 시리즈를 소개합니다. 뉴질랜드의 해안가에서 자생하는 식물로, 건조와 강한 바람도 잘 견딥니다. 독특한 매력의 뉴질랜드 야생화를 만나 볼까요?

빛 | 직사광선, 양지
직광에서는 잎이 작고 오밀조밀하게 자라는 반면 양지에서는 잎이 조금 크게 자라는 특성이 있습니다.

온도 | 최저 월동 온도 -10℃(노지 월동 불가)
일교차가 크면 잎이 노랗게 변하기도 합니다. 노랗게 변한 잎은 제거해 주세요. 잎이 없는 앙상한 가지에서도 다시 새순이 나옵니다.

물 | 겉흙이 마르면 듬뿍 주기
건조에 강한 편이지만 물주기 시기를 놓치면 잎이 우수수 떨어집니다. 겉흙 상태를 확인하며 물을 주세요.

분갈이 | 배수가 잘되는 흙에 심기
상토보다 마사의 비율을 높여 배수성이 좋도록 심어 주세요.

번식 | 종자번식, 영양번식(줄기꽂이)

병충해 | 깍지벌레, 응애, 진딧물

추천 장소 | 베란다 창가 옆, 해와 바람이 잘 드는 곳
뉴질랜드가 원산지인 야생화입니다. 야생화는 실내에서 키우기 까다로운 편이에요. 종종 침실이나 거실 안쪽에 둔 마오리 시리즈의 사진을 볼 수 있는데, 이는 연출된 모습입니다. 실내에서도 해가 잘 들어오고 바람이 잘 통하는 곳에서 키워야 건강하게 자라요.

계절별 관리 |
봄 : 새순이 돋고 성장이 활발한 시기이므로 새순이 마르지 않도록 물주기에 신경 씁니다.
여름 : 고온 다습한 환경을 힘들어하므로 장마철에는 물주기 간격을 늘립니다.
가을 : 일교차로 하엽이 질 수 있어요. 하엽 진 잎은 제거합니다.
겨울 : 추위로 성장이 멈추고 물마름이 더뎌집니다. 과습 예방을 위해 물주기 간격을 늘려 주세요.

개화시기 | 늦봄부터
코로키아는 별을 닮은 노란색의 아주 작은 꽃을, 에스토니 뮤렌베키아는 상아색의 아주 작은 꽃을, 마오리 소포라는 새의 부리를 닮은 노란색 꽃을 피웁니다.

수형관리 | 자유로운 수형 그대로 두기
덩굴성 식물들인 만큼 자유분방하고 흐트러진 모습 자체가 근사합니다. 굳이 가지치기를 하지 않아도 멋있게 자라니 그대로 키워 주세요.

에스토니 뮤렌베키아 - 옆으로 넓게 퍼져나가며 자라요

코로키아 코도네아스타 -
방사형으로 위로 넓게 퍼져나가며 자라요

소포라 프로스트라타 - 지그재그 위로 뻗어나가며 자라요

앙증맞은 하트잎이 사랑스러운 에스토니 뮤렌베키아 앙상한 나뭇가지에 매달린 하트 모양의 잎이 사랑스러워요. 트리안(뮤렌베키아)과 사촌이라고 합니다.

차가운 겨울 느낌, 은빛으로 빛나는 코로키아 봄의 초록 잎이 가을, 겨울에는 갈색으로 변합니다. 잎의 앞면보다는 은빛이 감도는 뒷면이 더 예뻐요. 지그재그 꺾이며 자라는 가지 때문에 유령덤불이라고 부르기도 한답니다.

아카시아 잎의 작은 버전, 마오리 소포라 올망졸망 동그란 잎이 사랑스러운 소포라입니다. 연두색 새순과 초록 잎이 공존해 더욱 싱그러운 느낌이에요.

플라티케리움 리들리

학명 *Platycerium ridleyi*
유통명 녹각란, 박쥐란

인테리어로 활용한 사슴 머리의 헌팅트로피, 한 번쯤 보셨을 거예요. 가드닝계의 헌팅트로피를 소개합니다. 사슴뿔을 닮은 잎에 근사한 영양잎을 가진 박쥐란입니다. 흙 없이 살 수 있는 에어플랜트라서 물만 잘 주어도 근사한 인테리어 오브제로 활용할 수 있답니다.

빛 | 양지
고사리과 식물이지만 적당한 빛과 바람을 좋아합니다. 통풍에도 신경 써 주세요.

온도 | 최저 월동 온도 5℃(노지 월동 불가)
열대식물이지만 추위를 잘 견디는 편입니다.

물 | 바크나 수태가 마르면 물에 푹 담가 저면관수
바크 또는 수태가 마르면 물을 분무해도 깊게 스며들지 않습니다. 물이 속까지 스며들도록 저면관수를 해 주세요. 다만 장시간 담그면 과습이 오니 주의합니다. 영양잎에 가려 확인하기 어렵다면 잎을 만져 보세요. 물이 부족하면 뻣뻣했던 잎이 처지고 힘이 없어 보입니다.
(tip) 저면관수 시 액비를 섞어 주면 더 건강하게 키울 수 있어요.

분갈이 | 바크나 수태를 이용해 통기성 좋게 심기

수형 관리 | 영양잎 관리
뿌리 부분을 감싸고 있는 영양잎은 수분 조절을 담당합니다. 오래되면 갈변하고 새로운 영양잎이 나오는데, 이때 묵은잎을 제거하면 안 돼요. 생장점이 연결되어 있으므로 자칫 죽을 수 있습니다. 자연적으로 없어지거나 떨어질 때까지 놔두는 것이 좋아요.

번식 | 종자번식, 영양번식(포자번식)

병충해 | 깍지벌레, 응애, 민달팽이

추천 장소 | 선반, 벽, 바람이 잘 드는 곳

계절별 관리 |
봄 : 날이 풀리면 조금씩 성장의 기미가 보입니다. 봄부터 가을까지 한 달에 한 번 액비를 주세요.

여름 : 직광은 싫어하니 양지나 반음지로 옮깁니다. 잎이 마르면서 탈 수 있어요.
가을 : 습도가 낮아지므로 하엽이 지지 않도록 습도 관리에 신경 씁니다.
겨울 : 추위에 성장이 더뎌지므로 과습이 오지 않도록 물주기보다는 습도 관리에 신경 씁니다.

리들리 헌팅트로피 만들기

손재주가 없어도 쉽게 만들 수 있는 방법을 소개합니다.

준비물 : 도마(다이소), 낚싯줄이나 마끈, 수태, 박쥐란

1. 다이소 등에서 쉽게 구할 수 있는 나무도마에 화분을 올리고 화분의 가장자리 상하좌우로 못의 위치를 정한 다음 못을 박습니다. 박쥐란을 받치는 지지대 역할을 해 줄 거예요.
2. 박쥐란을 화분에서 조심스럽게 분리합니다. 리들리는 뿌리가 다치면 몸살이 심하게 오니 주의해야 합니다.
3. 나무도마 위에 박쥐란을 올려놓고, 물에 불린 수태로 박쥐란을 감싸 주세요.
4. 영양잎이 위로, 긴 잎이 아래로 가게 한 뒤 낚싯줄을 못에 돌돌 말아 고정해 가며 영양잎과 도마를 감아서 고정합니다.
5. 완성! 몸살을 앓을 수 있으니 나무판에 적응하도록 며칠간 따뜻한 곳에 둡니다. 그 후 원하는 곳에 연출해 주세요.

브레이니아

학명 *Breynia Nivosa*
유통명 스노우부시

동글동글한 잎 속에 다양한 색과 무늬가 있는 브레이니아입니다. 초록의 나무에 하얀 눈이 소복이 쌓인 것처럼 보이기도 해 스노우부시라는 별명이 붙었어요. 실내에서 키우기 무난하면서도 예쁜 나무, 브레이니아의 매력을 소개합니다.

빛 | 직사광선, 양지
해가 잘 드는 창가에서 키웁니다. 직사광선을 받는 실외에서도 웃자람 없이 촘촘하게 잘 자라지만 여름의 뙤약볕은 잎을 말리고 쭈그러들게 하니 실내에 두는 것을 추천합니다.

온도 | 최저 월동 온도 16℃(노지 월동 불가)
추위를 많이 타는 식물로, 날이 추워지면 하엽이 지기 시작해 앙상하게 변하지만 이는 자연스러운 현상입니다. 활엽수를 생각하고 키워도 좋아요. 이듬해 봄에 다시 새순이 돋아 금세 풍성해지거든요. 해가 잘 드는 창가에 두었다면 겨울에는 안쪽 실내로 들입니다.

물 | 겉흙이 마르면 듬뿍 주기
물을 좋아해서 물을 말리면 잎이 우수수 떨어집니다. 겉흙을 자주 확인해 주세요.

분갈이 | 배수가 잘되는 흙에 심기

수형 관리 | 웃자란 가지 다듬기
해를 많이 보면 흰색 잎이 많이 나옵니다. 반대로 해를 적게 보면 나무가 웃자라고 잎이 녹색으로 변해요. 웃자란 부분은 가위로 잘라 수형을 다듬어 주세요.

번식 | 종자번식, 영양번식(줄기꽂이)

추천 장소 | 해가 들어오는 창가 옆, 베란다, 거실

계절별 관리 |
봄 : 화분의 물구멍 밖으로 뿌리가 빼꼼 나오진 않았나요? 분갈이할 시기입니다.
여름 : 물마름이 빨라지니 물주기를 꼭 체크합니다.
가을 : 여름에 웃자란 가지를 다듬어 수형을 정리합니다.
겨울 : 추위로 성장이 멈추고 물마름이 더뎌집니다. 과습이 오기 쉬우니 물주기 간격을 늘려 주세요.

병충해 | 총채벌레, 응애

겨울에서 봄 사이 총채벌레와 응애가 잘 생깁니다. 통풍이 불량하고 건조할 때 생기는 증상 중 하나로, 해충을 발견하는 즉시 농약을 사용하세요. 브레이니아는 충해 입은 잎을 다 떨구고 새로운 잎을 내는 강인한 모습을 보여 주기도 합니다.

(tip) 브레이니아와 비슷한 품종 '소코라코'
브레이니아는 새순이 하얀 반면 소코라코는 빨갛게 새순이 납니다. 키우는 환경은 브레이니아와 비슷해요.

총채벌레의 흔적

충해 입은 가지를 정리한 모습 비교

새잎을 내고 조금씩 회복 중인 브레이니아

브레이니아의 꽃 잎인지 꽃인지 구분하기 어려울 정도로 작고 앙증맞은 초록 꽃입니다. 브레이니아를 키운 지 무려 2년 만에 꽃을 발견했답니다. 보호색을 띤 꽃이라니, 정말 귀여워요.

브레이니아 줄기꽂이

1 가지치기 후 남은 삽수.
2 불필요한 잔가지를 잘라 다듬어 주세요. 가지가 많으면 양분 소모가 빨라 뿌리내림이 원활하지 않습니다. 줄기 끝은 사선으로 잘라 주세요.
3 브레이니아는 다양한 방법으로 삽목할 수 있어요. (순서대로 물, 마사토, 상토, 적옥토, 녹소토, 질석)
4 삽목 후 뿌리를 내린 모습.

블루아이스

학명 *Cupressus arizonica var. glabra 'Blue ice'*
유통명 엘사트리

Let it go, let it go- 하면 떠오르는 애니메이션 〈겨울왕국〉의 엘사를 연상케 하는 나무가 있어요. '엘사트리'로도 유명한 블루아이스입니다. 신비로운 은청색 잎이 시선을 끌기도 하지만 편백나무보다 훨씬 많은 피톤치드를 내뿜는 덕에 매일매일 상쾌한 향을 느낄 수 있어 좋아요. 아름다운 유럽의 정원수 블루아이스는 계절마다 옷을 갈아입는 라인골드와 달리 일 년 내내 푸르름을 간직한답니다.

빛 | 직사광선, 양지
침엽수이기에 햇빛과 바람, 물의 삼박자가 맞아야 잘 자랍니다. 해가 잘 들고 바람이 잘 통하는 곳에서 키워 주세요.

온도 | 최저 월동 온도 -20℃(노지 월동 가능)
내한성이 높아 노지 월동이 가능합니다. 외국에서는 정원수로도 많이 사용하고 있어요.

물 | 겉흙이 마르면 듬뿍 주기
실내에서 침엽수를 키우기 어려운 건 바로 물주기 때문입니다. 과습이나 물마름이 오면 회복이 쉽지 않거든요. 과습일 경우 잎이 끝부분부터 갈색으로 변하며 말라 가고, 물마름일 경우 잎에 윤기가 없어지면서 아랫가지부터 갈색으로 변하며 말라 갑니다. 잎과 흙 상태를 확인하며 물을 주세요.

번식 | 종자번식, 영양번식(줄기꽂이)

병충해 | 개각충
블루아이스는 병충해에 강한 편입니다.

추천 장소 | 해가 들어오는 창가 옆, 테라스, 마당, 옥상

계절별 관리 |
봄 : 화분에 뿌리가 꽉 차면 성장이 더뎌집니다. 분갈이를 준비하세요.
여름 : 성장이 활발한 시기로, 물마름이 빨라지니 물주기를 꼭 체크합니다.
가을 : 들쑥날쑥 자란 가지를 정리해 수형을 다듬습니다.
겨울 : 추위로 성장이 멈추고 물마름이 더뎌집니다. 과습이 오기 쉬우니 물주기 간격을 늘려 주세요.

수형 관리 | 취향껏 다듬기

원뿔형으로 자라나기 때문에 그대로 키워도 수형이 멋스러워요. 밑동의 가지 부분을 정리해 토피어리 형태로 키워도 예쁩니다. 취향껏 다듬어 주세요. 블루아이스는 비늘잎이라 만져도 따갑지 않습니다.

(tip) 비늘잎은 측백나무, 편백나무 등에서 보이는 비늘 조각처럼 편평한 모양의 작은 잎을 말합니다.

비늘잎

분갈이 | 배수가 잘되는 흙에 심기

침엽수는 과습에 특히 취약하므로 물빠짐이 좋도록 심어야 합니다. 물을 줬을 때 바로 물이 흘러나올 수 있게 배수성과 통기성 좋은 흙의 비율을 높여서 분갈이해 주세요. 또한 화분에 뿌리가 꽉 차면 맨 위쪽의 생장점이 위로 가늘게 자라는 습성이 있기 때문에 이러한 자람새가 보인다면 분갈이하는 것이 좋습니다.

생장점이 위로 가늘게 자라는 모습

삭소롬 (스트렙토카르푸스)

학명 *Streptocarpus saxorum*
유통명 삭소롬

하늘거리는 보라색 꽃이 참 예쁜 삭소롬. 해만 잘 보여 주면 쉴 새 없이 꽃이 피고 져서 떨어진 꽃잎을 줍느라 정신없을 정도예요. 병충해에 강한 편이라 키우기 쉽고 번식도 수월해 식구 늘리는 재미를 느낄 수 있답니다.

빛 | 양지, 반음지
창에 걸러 들어오는 빛을 좋아하니 양지에서 키워 주세요. 직광에 두면 잎이 노랗게 화상을 입습니다.

온도 | 최저 월동 온도 8℃(노지 월동 불가)

물 | 잎이 살짝 처졌을 때 물주기
잎이 두껍고 털이 있는 식물은 물을 많이 주지 않아도 됩니다. 겉흙의 상태보다는 잎과 줄기의 상태를 보고 줄기가 살짝 처져 있다면 물을 주세요.

개화 시기 | 가을부터 늦봄까지

분갈이 | 배수가 잘되는 흙에 심기

번식 | 종자번식, 영양번식(포기 나누기, 줄기꽂이, 잎꽂이)

병충해 | 곰팡이, 깍지벌레
주로 습한 날씨에 물을 주면 곰팡이가 발생합니다. 무른 잎이 있다면 즉시 제거해 주세요.

추천 장소 | 해가 들어오는 창가 옆, 선반 위, 걸이화분을 걸기 좋은 곳

계절별 관리 |
봄 : 꽃이 피는 계절입니다. 이때 비료를 주면 더욱 잘 자라요.
여름 : 뜨거운 직광을 피해 서늘한 곳으로 옮기고 물주기 간격을 늘려 주세요.
가을 : 여름에 웃자란 가지를 다듬어 수형을 풍성하게 키웁니다.
겨울 : 순지르기는 이제 그만! 곁줄기가 생기고 꽃대가 올라오기 시작합니다.

수형 관리 | 길게 늘어진 가지 다듬기

풍성하게 키우기 위해서는 늘어진 잎과 줄기를 잘라 정리하고 틈틈이 순지르기를 합니다. 잘라 낸 잎과 줄기로는 번식에 도전해 보세요.

순지르기 전

순지르고 곁순이 나온 모습

(tip) 잎의 상처

물이 묻은 상태에서 강한 빛을 보면 화상을 입어 잎에 얼룩이 집니다. 미관상 좋지 않으니 잎에 물이 닿지 않도록 주의하며 물을 주거나 저면관수를 하는 것이 좋아요.

삭소롬 가지치기

얼핏 풍성해 보이지만 줄기가 얼기설기 얽혀 양분을 받지 못한 잎이 노랗게 변한 모습입니다. 바람이 잘 통하고 골고루 양분을 받을 수 있도록 줄기를 솎아야 합니다. 삭소롬이 둘쑥날쑥 풍성해졌다면 여름이 오기 전 가지치기를 해 주세요.

1 가지가 길게 늘어진 삭소롬입니다.
2 뒷모습을 보아도 가지가 얼기설기 얽혀 있어요.
3 굵은 가지를 제외한 잔가지를 모두 제거해 깔끔하게 다듬어 주세요.
4 가지치기 후 순지르기를 하면 더욱 풍성하게 자랍니다.

삭소롬 잎꽂이

준비물 : 삽목할 가지와 잎, 소독한 가위, 흙

1 뿌리 내리기 쉽도록 가지를 마디 아래쪽에서 몇 번 나누어 자릅니다.
2 꽃은 뿌리내림에 부담을 주는 요소이므로 제거합니다. 줄기 양옆의 잎사귀도 하나씩 전부 잘라 주세요.
3 저면관수로 물을 준 흙에 구멍을 내고 잎 등의 삽수를 꽂아 심어 주세요.
4 완성!

[tip] 잎꽂이는 줄기꽂이에 비해 뿌리내림이 더디며, 줄기꽂이는 흙에 심기보다 물꽂이를 해야 뿌리내림이 빠릅니다.

소사나무

학명 Carpinus turczaninowii Hance
유통명 소서나무

사계절 내내 푸른 식물도 좋지만 계절마다 모습이 변하는 식물에게 더 마음이 가곤 합니다. 새순을 내고 낙엽이 지며 차분히 쉬기도 하는 그런 나무 말이죠. 여러 나무가 있지만 그중에서도 우리나라 자생식물인 소사나무를 소개합니다. 소사나무는 잔가지가 많고 잎이 작아 분재 소재로도 인기가 많아요. 사계절 달라지는 소사나무의 각양각색을 즐겨 보세요.

빛 | 직사광선, 양지
바람과 햇살을 좋아하니 창가나 볕이 잘 드는 곳에서 키워 주세요.

온도 | 최저 월동 온도 0°C(노지 월동 불가)
내한성이 높아 흙에서 키울 경우 노지 월동이 가능하지만 화분에서는 힘든 편이며, 베란다 월동은 가능합니다. 봄부터 가을까지는 실외에서도 무난히 자라지만 겨울에는 실내로 들여 주세요.

물 | 겉흙이 마르면 듬뿍 주기

분갈이 | 배수가 잘되는 흙에 심기
이른 봄 새순이 나오기 전이나 늦가을 낙엽이 지고 난 후에 분갈이합니다. 물빠짐이 좋도록 상토보다 마사 비율을 높여 심어 주세요.

수형 관리 | 잔가지와 잎 정리하기
잔가지가 많이 나오는 편이므로 전체적인 수형을 보고 가지치기합니다. 낙엽이 지고 가지만 남은 가을이나 겨울에 하는 것이 좋아요.
잎따기 : 잎이 말랐거나 병충해를 입은 경우 또는 관상용으로 새잎을 내고 싶을 때에는 잎따기를 합니다. 분재로 둔 경우 가을에 깨끗한 단풍을 보기 위해 잎따기를 많이 해요. 잎따기는 6~7월에 하는 것이 적당하며, 가위로 잎자루를 자르면 됩니다. 이때 전부 자르지 않고 잎끝을 살짝 남겨 두면 잎자루 아래에서 새로운 순이 나올 거예요. 새순이 어느 정도 자라면 기존에 남은 잎은 제거해 줍니다.

번식 | 종자번식, 영양번식(줄기꽂이)

병충해 | 개각충, 진딧물, 온실가루이

추천 장소 | 해가 잘 들어오는 창가 옆, 테라스, 옥상

계절별 관리 |

봄 : 화분의 물구멍 밖으로 뿌리가 빼꼼 나오진 않았나요? 분갈이할 시기입니다.

여름 : 성장이 활발한 시기로, 물마름이 빨라지니 물주기를 꼭 체크합니다.

가을 : 단풍이 들고 낙엽이 지기 시작하면 가지치기를 합니다.

겨울 : 낙엽이 진 후 성장이 더뎌집니다. 과습이 오기 쉬우니 물주기 간격을 늘려 주세요.

새순이 돋아나는 봄의 소사나무

푸른 잎이 싱그러운 여름의 소사나무

(tip) 빨간 단풍을 보고 싶다면
일교차가 크지 않은 실내에서는 단풍이 들지 않아요. 일교차가 큰 실외에서 키워야 선명한 단풍이 든 소사나무를 만날 수 있습니다. 서리를 두세 번 맞으면 단풍이 더 잘 들어요.

빨갛게 단풍이 들기 시작하는 가을의 소사나무

낙엽이 지고 겨울눈이 생긴 겨울의 소사나무

아디안툼

학명 *Adiantum raddianum*
유통명 아디안텀

은행잎을 닮은 잎이 싱그러운 고사리, 아디안툼입니다. 아디안툼이라는 이름은 잎에 물을 뿌려도 다시 튕겨 내는 특성 때문에 그리스어로 '젖지 않는다'라는 뜻의 '아디안토스'에서 유래된 것이라고 합니다. 매우 예쁘지만 키우기 까다로운 식물이에요. 여름에는 싱싱하게 잘 자라다가도 가을 을 지나 겨울이 오면 그 생기가 사그라들며 죽는 경우가 다반사였죠. 그때까지 아디안툼이 습한 상태를 좋아한다는 사실을 몰랐거든요. 잎의 상태에 따라 그 공간의 습도를 파악할 수도 있어 천연 가습기라고도 불리는 아디안툼의 까칠한 매력에 빠져 볼까요?

빛 | 양지, 반음지
직사광선이나 강한 볕이 드는 곳에 두면 잎이 말라 버립니다. 간접광이 비치는 반음지에서 키워 주세요. 음지에서도 잘 자라지만 오래 두면 줄기가 가늘고 길게 자랍니다. 가끔씩 반음지로 옮겨 빛을 보여 주세요.

온도 | 최저 월동 온도 5℃(노지 월동 불가)
아디안툼은 추위에 민감한 식물로, 찬바람을 맞으면 잎이 축 처지고 힘이 없어집니다. 10℃ 이하로 내려가지 않도록 온도 관리에 신경 써 주세요.

수형 관리 | 시든 잎줄기 과감히 자르기
잎이 마르고 힘이 없어 당장이라도 죽을 것처럼 보인다면 전체적으로 과감하게 잘라 냅니다. 잎은 시들었더라도 뿌리는 강하기 때문에 생육적온(20~25℃) 내에서는 바로 새순이 돋아나요.

분갈이 | 배수가 잘되는 흙에 심기

병충해 | 진딧물, 깍지벌레, 응애

추천 장소 | 베란다 안쪽, 반쯤 그늘진 곳

계절별 관리 |
봄 : 뿌리가 꽉 찼다면 분갈이를 합니다. 비료도 추가해 주면 좋아요.
여름 : 잎이 타니 뜨거운 직광은 피해 주세요.
가을 : 습도가 낮아지는 시기이므로 잎이 마르지 않도록 습도 관리에 힘씁니다.
겨울 : 추위로 성장이 멈추고 물마름이 더뎌집니다. 과습이 오기 쉬우니 물주기 간격을 늘려 주세요.

물 | 겉흙이 마르면 듬뿍 주기
물이 부족하면 잎이 바싹 마릅니다. 손상된 잎은 회복이 어려우니 완전히 제거해 주세요. 손상된 잎의 줄기를 가위로 바짝 잘라 냅니다.

(tip) 습도가 낮다면
물은 제대로 준 것 같은데 자꾸만 잎끝이 갈색으로 변하나요? 아디안툼은 습도가 높은 환경을 좋아합니다. 아직 물 줄 때가 되지 않았더라도 잎에 물을 분무하거나 크고 작은 화분이 많은 곳에 두어 습도를 유지해 주세요.

번식 | 종자번식, 영양번식(포기 나누기, 포자번식)
상록넉줄고사리와 마찬가지로 실내에서 포자번식이 힘든 편에 속합니다.

아디안툼 가지치기

1 잎이 전체적으로 상한 모습입니다.
2 줄기를 바짝 잘라 줍니다.
3 새로운 순이 나옵니다.
4 새로운 순으로 다시 풍성해진 아디안툼입니다.

아메리칸블루

학명 *Evolvulus glomeratus*
유통명 Blue Daze

파란 꽃 하면 떠오르는 식물, 아메리칸블루입니다. 파란 꽃잎에 하얀 수술을 보면 청량한 음료가 생각나면서 시원해지는 기분이 들어요. 아이러니하게도 잎과 줄기에는 솜털이 달려 있어 묘한 느낌이지만요. 꽃이 귀한 무더운 여름에도 쉬지 않고 꽃을 피우는 고마운 친구입니다.

빛 | 직사광선, 양지
빛을 많이 보아야 꽃눈이 생깁니다. 해가 잘 드는 창가나 양지에서 키워 주세요.

온도 | 개화 온도 10℃(노지 월동 불가)
개화 온도만 맞다면 사계절 내내 꽃을 볼 수 있어요.

물 | 겉흙이 마르면 듬뿍 주기
꽃을 피우는 식물은 물 관리에 더욱 신경 써야 합니다. 물을 말리면 꽃봉오리부터 마르기 때문에 꽃을 볼 수 없어요. 다만 잎과 줄기에 털이 있어 물이 닿는 것이 좋지 않으니 잎과 줄기는 건조하게 관리합니다. 저면관수가 좋으며, 혹시 물이 닿아도 금세 마를 수 있게 통풍이 잘되는 곳에서 키워 주세요.

수형 관리 | 시든 꽃 제거하기
개화 지속 기간이 단 하루이므로 시든 꽃은 바로 정리해 주는 것이 좋습니다. 풍성하게 키우고 싶다면 전체적으로 가지치기해 주세요. 가지치기 후 겨울에는 틈틈이 순따기를 합니다. 기온이 오르는 봄부터 다시 꽃이 필 거예요.

분갈이 | 배수가 잘되는 흙에 심기

번식 | 종자번식, 영양번식(포기 나누기, 휘묻이, 줄기꽂이)
물꽂이가 잘되는 식물입니다. 마디 부분을 잘라 물꽂이를 하거나 삽목해 주세요.

병충해 | 진딧물, 응애

추천 장소 | 해가 들어오는 창가 옆

계절별 관리 |
봄 : 날이 풀리면서 꽃눈이 생깁니다. 순따기를 멈춰 주세요.
여름 : 물마름이 빨라지니 물주기를 꼭 체크합니다.
가을 : 여름에 웃자란 가지를 다듬어 수형을 정리합니다.
겨울 : 더욱 풍성하게 꽃이 만개하도록 틈틈이 순따기를 해 봄을 준비합니다.

아메리칸블루 가지치기

1 반덩굴성 식물답게 들쭉날쭉 사방으로 뻗은 가지의 모습입니다.
2 줄기를 자르면 단면에서 새순이 두 갈래로 나옵니다.
3 줄기를 짧게 잘라야 소복하면서도 풍성하게 키울 수 있어요.
4 가지치기를 완료한 아메리칸블루.

아메리칸블루 물꽂이

1 가지치기한 줄기에 붙어 있는 아랫잎을 정리합니다. 잎이 많이 붙어 있으면 증산 작용이 활발해져서 뿌리내림이 원활하지 못합니다.

2 줄기 아래쪽을 45도 각도로 비스듬히 잘라 냅니다. 물을 흡수하는 면적이 넓어지고 형성층이 너 많이 노출되면서 뿌리를 내리는 데 도움을 줍니다.
   (tip) 형성층은 줄기 및 뿌리의 비대성장을 담당하는 분열조직으로, 형성층이 분열하여 뿌리가 나옵니다.

3 물꽂이 후 삽수가 뿌리를 내립니다.

양골담초

학명 *Cytisus scoparius*
유통명 애니시다, 금작화

봄바람 살랑거리는 계절이 오면 여기저기 쉼 없이 피고 지는 꽃들 사이에서 상큼한 레몬 향을 풍기며 시선을 사로잡는 꽃나무가 있어요. 봄이 되면 들였다가 여름을 넘기지 못하고 죽곤 하는 비운의 식물이기도 하죠. 바로 양골담초입니다. 싱그러운 양골담초, 건강하게 오래오래 키우는 방법을 소개합니다.

빛 | 직사광선, 양지
해와 바람을 매우 좋아하는 식물이므로 해가 잘 드는 창가에서 키웁니다. 해를 많이 보아야 꽃눈도 많이 형성되고 웃자라지 않아요. 다만 화분을 돌려 가면서 해를 보여 주어야 꽃대가 골고루 형성되니 참고해 주세요. 한자리에 그대로 두고 키우면 해를 받는 면에만 꽃대가 형성된답니다.

온도 | 최저 월동 온도 5℃(노지 월동 불가)

물 | 겉흙이 마르면 듬뿍 주기
겉흙이 마르면 물을 충분히 줍니다. 양골담초는 물주기에 신경 써야 하는데, 특히 꽃이 필 시기에 물을 말리면 꽃봉오리와 잎이 후드득 떨어지니 주의해 주세요.

개화 시기 | 늦겨울부터 초여름까지

수형 관리 | 꽃이 진 시점부터 가을까지 수시로 가지치기 및 순지르기
양골담초는 속성수이므로 보통 나무에 비해 빠르게 자랍니다. 관리가 소홀하면 가지가 멋대로 뻗으며 자라므로 수시로 가지치기해 수형을 다듬어 주는 것이 중요합니다.

분갈이 | 배수가 잘되는 흙에 심기
분갈이 몸살이 심하므로 분갈이할 때 뿌리가 다치지 않도록 주의합니다. 화분에서 분리할 때 흙을 살살 털어 낸 다음 새 화분에 그대로 넣어 빈 공간에 흙만 채워 준다는 느낌으로 옮겨 심어요.

[tip] 잘 크던 양골담초의 잎이 갑자기 노랗게 변해요
화분 아래의 물구멍 밖으로 뿌리가 나왔는지 확인합니다. 화분에 뿌리가 꽉 차 영양분을 흡수하지 못하면 잎이 노랗게 변합니다.

번식 | 종자번식, 영양번식(줄기꽂이)

병충해 | 응애
양골담초는 응애가 잘 생기기로 유명한 나무입니다. 잎이 풍성할수록 가지 사이사이가 촘촘해 통풍이 불량할 수 있으니 속가지를 솎아 주거나 자주 환기해 안쪽까지 바람이 잘 통하도록 신경 써 주세요.

추천 장소 | 옥상, 마당, 테라스, 해가 들어오는 창가 옆

계절별 관리 |
봄 : 꽃이 피기 시작합니다. 물마름이 오기 쉬우니 물주기 간격을 자주 체크합니다.
여름 : 꽃이 지고 나면 가지치기, 순따기를 해 수형을 다듬어 주세요.
가을 : 뿌리가 꽉 차면 하엽이 집니다. 더 큰 화분으로 분갈이해 주세요. 영양제를 섞어 주면 더 좋습니다.
겨울 : 꽃눈이 형성되기 시작하므로 가지치기와 순따기를 멈춰 주세요.

1년 만에 대품으로 자란 모습

양골담초 가지치기

가지치기를 하지 않고 그대로 키우면 줄기가 여기저기 길게 뻗어 지저분해져요. 꽃이 지면 전체적으로 가지치기한 다음 순따기를 해 주면 곁순이 나오면서 다시 풍성해진답니다. 단, 순따기와 가지치기는 초겨울까지만 합니다. 겨울에는 꽃눈이 형성되기 때문에 가지치기와 순따기가 오히려 꽃을 피우는 데 방해될 수 있어요.

1 꽃이 지고 줄기가 뻗친 양골담초를 다듬어 볼게요.
2 동그란 수형이 되도록 가지를 다듬었습니다.
3 통풍이 원활하도록 속가지를 솎아 주세요.
4 순따기를 하며 모양을 잡아 줍니다.
5 다시 풍성하게 자란 모습.

좀 예민해도 괜찮아 - 중급 식물

다양한 종류의 틸란드시아

에어플랜트 :: 틸란드시아

학명 *Tillandsia usneoides* L 외

기존의 가드닝 방식과는 조금 다르게 키우는 식물, 독특한 매력의 에어플랜트를 소개합니다. 에어플랜트는 땅에 뿌리를 내리지 않고 잎을 통해 영양분을 섭취하는 식물을 말해요. 흙도 없이 어떻게 자라는지, 정말 키우기가 쉬운 것인지 이것저것 궁금한 점도 많은 에어플랜트에 대해 알아볼까요? 공간의 제약을 받지 않는 에어플랜트는 여기서기 걸어 두기니 마크라메 등의 소품을 활용해 연출해도 예쁘답니다.

빛 | 양지, 반음지, 음지
반음지나 음지에서도 잘 자라지만 해를 보아야 촘촘하고 예쁘게 자랍니다. 빛이 걸러 들어오고 바람이 잘 통하는 곳에서 키워 주세요.

온도 | 최저 월동 온도 5℃~10℃ (노지 월동 불가)

물 | 자주 물을 분무하거나 주 1회 저면관수
틸란드시아의 경우 잎끝이 노래지거나 힘이 없다면 물이 부족하다는 신호이므로 물을 분무하거나 물에 살짝 담가 저면관수를 해 주세요. 틸란드시아는 과습에 취약하니 잎에 붙은 먼지를 털어 내는 정도로만 저면관수를 하고, 저면관수 후에는 보송보송하게 말려야 합니다.
(tip) 2~3일 정도 받아 두어 염소를 제거한 수돗물 혹은 받아 둔 빗물을 주면 더욱 좋아요. 추위로 성장이 더딘 겨울에는 한 달에 두 번 정도 저면관수를 합니다.

병충해 | 민달팽이, 곰팡이

추천 장소 | 해가 간접적으로 들고 통풍이 잘되는 곳, 걸이화분을 걸기 좋은 곳

계절별 관리 |
봄 : 날이 풀리면서 성장이 활발해집니다. 봄부터 가을까지 한 달에 한 번 액비를 주세요.
여름 : 습도가 높은 장마철에는 물주기 간격을 늘리고 통풍에 더욱 신경 써야 합니다.
가을 : 습도가 낮아지면 잎이 마르고 윤기가 없어지므로 잎에 물을 자주 분무해 주세요.
겨울 : 추위로 성장이 더뎌집니다. 차가운 물보다는 미지근한 물을 주는 것이 좋아요.

(tip) 여름철 에어컨, 겨울철 온풍기 바람에 주의하세요. 건조한 환경에서 말라 죽게 됩니다.

수형 관리 |

하엽 진 잎은 바로 정리하기 : 틸란드시아는 새 순을 위쪽에서 내기 때문에 맨 아래쪽 잎부터 하엽이 집니다. 자연스러운 현상이니 마른 잎은 떼어 주세요.

번식 | 종자번식, 영양번식(잎꽂이, 자구번식)
틸란드시아는 꽃이 피고, 진 후에 모체에 작은 자구가 생깁니다. 자구가 모체의 1/2 정도 크기로 자라면 모체와 분리해 따로 키워 주세요. 너무 작을 때 분리하면 더디게 자라므로 주의합니다.

자구번식

틸란드시아 저면관수

1 물이 든 용기에 틸란드시아를 담가 주세요. 전체적으로 물을 흡수하도록 10분 정도 푹 담급니다. 저면관수 후에는 물을 머금어 통통해진 잎과 녹색으로 변한 틸란드시아를 볼 수 있어요. 보송하게 마르면 다시 은빛 솜털로 돌아갑니다.

2 물기를 털어 낸 다음 통풍이 잘되는 곳에 뾰족한 부분이 위로 향하도록 두고 말려주세요. 신문지나 마른걸레 위에 올려놓으면 더 잘 마릅니다.

(tip) 흙 없이 자라는 틸란드시아는 무엇을 먹고 사나요?
틸란드시아의 뿌리는 나무나 돌에 달라붙어 착생하는 역할을 하며, 실질적인 뿌리 역할은 잎에 붙어 있는 솜털, 트리콤이 한답니다. 트리콤이 공기 중에 떠다니는 먼지 속 유기물과 수분을 흡수하지요. 주로 밤에 생장활동이 활발하므로 밤에는 물주기를 피하는 것이 좋습니다.

트리콤

뿌리

찔레

학명 *Rosa multiflora*
유통명 찔레장미

장미와 비슷하지만 장미보다 조금 소박한 꽃을 피우는 찔레입니다. 다양한 품종이 개발되어 장미 부럽지 않게 여러 색과 모양의 꽃을 볼 수 있어요. 햇빛과 온도만 잘 맞으면 일 년 내내 꽃을 피운답니다.

빛 | 직사광선, 양지
꽃이 피는 식물은 햇빛을 충분히 보아야 꽃눈을 형성합니다. 해가 드는 창가나 직사광선을 받는 실외에서 키워 주세요. 해를 골고루 볼 수 있도록 화분을 돌려 주어야 하며, 병충해에 취약한 편이므로 통풍에 신경 씁니다.

온도 | 최저 월동 온도 -30℃(노지 월동 가능)
추위에 강해 노지 월동이 가능합니다. 겨울에는 잎을 떨구지만 봄이 되면 다시 새순이 돋아나요.

물 | 겉흙이 마르면 듬뿍 주기
물을 좋아하는 식물로, 자칫 물을 말리게 되면 잎끝이 바짝 마르니 물주기에 신경 씁니다.

분갈이 | 배수가 잘되는 흙에 심기
가지에 가시가 있어요. 분갈이 시 가시에 찔리기 쉬우니 만질 때 조심합니다.

번식 | 종자번식, 영양번식(포기 나누기, 줄기꽂이)

병충해 | 진딧물, 응애, 깍지벌레

추천 장소 | 마당, 해가 들어오는 창가 옆

계절별 관리 |
봄 : 날이 풀리면서 새순이 돋아납니다. 새순에는 진딧물이 생기기 쉬우니 주의 깊게 살펴보아야 하며, 예방 차원으로 살충제를 뿌려도 좋아요.
여름 : 겉흙이 자주 마르므로 물주기에 신경 씁니다.
가을 : 화분 밑으로 뿌리가 나오지는 않았나요? 꽃이 피는 봄보다는 가을에 분갈이하는 것이 더 안전합니다.
겨울 : 추위로 성장이 멈추고 물마름이 더뎌집니다. 과습 예방을 위해 물주기 간격을 늘려 주세요.

개화 시기 | 5월

5월부터 꽃이 피기 시작하며, 시든 꽃은 바로 제거해야 합니다. 꽃이 지고 열매가 맺힌 자리에는 더 이상 꽃이 피지 않기 때문에 열매가 맺히지 않도록 시든 꽃대를 잘라야 해요. 이때 시든 꽃대만 바짝 자릅니다. 찔레는 자른 가지의 끝이 타들어 가는 성질을 가지고 있습니다. 어중간하게 중간쯤 자르면 자른 면에서 타들어 가 가지가 짧아져요. 자른 가지 옆으로 새 가지가 나오면 더욱 풍성하게 자라고 쉴 새 없이 꽃을 피웁니다.

수형 관리 | 시든 꽃대 제거 및 겨울철 가지치기
찔레는 속성수로 성장이 빠른 편입니다. 잔가지도 잘 생기므로 겹친 가지는 솎아 내서 가지 사이사이로 바람이 잘 통하게 해 주세요. 꽃이 지면 꽃대를 바로 제거하며, 겨울에 하엽이 진 후에는 전체적으로 가지치기해 수형을 다듬습니다.

가지치기 후(가을)

다시 풍성해진 모습(이듬해 봄)

잎을 떨군 겨울의 모습

찔레 가지치기

1 하엽이 지고 가지만 남은 찔레를 가지치기할 거예요.
2 여기저기 길게 뻗은 줄기를 잘라 냅니다.
3 동그란 모양이 되도록 조금 더 깎아 다듬어 주세요.
4 이듬해 봄이 되면 다시 소복하게 자라납니다.

충해 입은 찔레 관리

새순이 나오는 3월부터 가지나 잎에 해충이 잘 생기는 편입니다. 이를 예방하기 위해 분갈이 시 진딧물 전용 농약(가루)을 섞어 주거나 매달 살균제와 농약을 번갈아 살포해 주세요. 꽃이 핀 찔레에 해충이 생겼다면 전체적으로 가지치기한 다음 진딧물 전용 농약을 살포하고, 방제 차원으로 입제 형태의 농약을 흙 위에 올려 줍니다.

칼라데아 오르비폴리아

학명 *Calathea 'orbifolia'*
유통명 칼라데아

넓은 잎과 시원하게 뻗은 잎맥이 인상적인 칼라데아 오르비폴리아입니다. 칼라데아는 키우기 쉽다고 하였는데 누가 그러던가요. 해가 잘 드는 양지에서 키웠더니 잎 끝이 갈색으로 변하면서 전체적으로 축 처지는 게 아니겠어요? 칼라데아는 양지보다는 반음지를 선호하고 많은 물보다는 습도 높은 환경을 좋아하는 아이였던 거지요. 은근히 까다로운 식물, 칼라데아에 대해 자세히 알아볼까요?

빛 | 양지, 반음지
직광을 받으면 잎이 아래로 말리면서 끝이 탑니다. 빛이 걸러 들어오는 양지나 반음지에서 키워 주세요. 은은하게 해를 받아야 잎맥과 무늬가 선명해지고 잎이 튼튼하게 자랍니다.
(tip) 양지에서 키울 경우 습도가 높아야 잎 끝이 타지 않습니다.

온도 | 최저 월동 온도 10~13°C(노지 월동 불가)
고온 다습한 환경을 좋아하는 여름이 최적의 성장 시기입니다. 겨울에는 추위에 약해 잎이 말려 들어갈 수 있으니 따뜻한 곳으로 옮겨 주세요.

물 | 겉흙이 마르면 듬뿍 주기
칼라데아는 물에 민감해요. 수돗물을 바로 주면 염소나 불소의 영향으로 잎끝이 갈변하거나 탈 수 있으니 직수보다는 하루에서 이틀 정도 받아 둔 물을 주세요. 물이 부족하면 잎이 노랗게 하엽 지므로 주의합니다.

분갈이 | 배수가 잘되는 흙에 심기
칼라데아는 과습에 취약해 줄기와 뿌리가 썩기 쉬우니 배수성, 통기성 좋은 흙의 비율을 높여 심어 주세요.

수형 관리 | 잎이 노래지거나 끝이 탄 부분은 잘라 주기

번식 | 종자번식, 영양번식(포기 나누기)

병충해 | 응애, 깍지벌레, 곰팡이

추천 장소 | 거실, 베란다 안쪽, 선반 아래

계절별 관리 |
봄 : 화분의 물구멍 밖으로 뿌리가 나오지 않았나요? 분갈이를 해 주세요.
여름 : 성장이 활발한 시기로, 물마름이 빨라지니 물주기 관리에 신경 씁니다.
가을 : 잎끝이 타지 않도록 습도가 낮아지지 않게 신경 씁니다.
겨울 : 기온이 낮아 성장이 주춤한 시기입니다. 물주기 간격을 늘리고 따뜻한 곳으로 옮겨 주세요.

습도 | 가습기나 이중화분으로 습도 유지
습도 높은 환경을 좋아하며, 실내 습도가 낮으면 잎끝이 갈색으로 변합니다. 가습기를 사용하거나 이중화분을 이용해 공중 습도를 높여 주세요. 습기를 좋아하는 식물을 모아 두고 키우는 것도 좋은 방법입니다.

습도 부족 시 응급조치

봉투 안의 적은 면적에 순간적으로 습도를 높여 관리하는 방법입니다.

1 습도가 낮아 힘이 없는 칼라데아입니다.
2 봉투를 지지해 줄 지주대부터 고정해 주세요.
3 봉투를 씌우고 아래쪽을 끈으로 묶습니다.
4 점차 습도가 올라갑니다.
5 다시 생기를 찾은 칼라데아.

칼라디움

학명 *Caladium*
유통명 칼라디움

칼라디움만큼 화려한 잎을 가진 식물이 몇이나 될까요? 다채로운 색도 한몫하지만 다양한 무늬가 그 화려함을 더욱 극대화해 주는 것 같습니다. 무려 2,000여 종이 넘는 품종 중에는 우리나라에서 개발되어 국립종자원에 등록된 것도 있다고 해요. '스노우 화이트 박(*Caladium humboldtii 'Snow White Park'*) 바로 그 주인공입니다. 이름 끝에 개발자의 성이 붙었죠. 왠지 더욱 친숙해지는 칼라디움입니다.

빛 | 양지, 반음지
칼라디움은 빛과 온습도에 따라 색의 발현에 차이가 큽니다. 해를 충분히 보아야 색이 진하고 선명해져요. 빛이 부족할 경우 줄기가 길어지고 잎이 푸르스름해지니 양지에서 키워 주세요.

온도 | 최저 월동 온도 13°C(노지 월동 불가) / 생육 적정 온도 15~26°C
기온이 낮아지는 가을부터 잎이 사그라들어 겨울에는 휴면합니다. 이때 알뿌리를 캐거나 화분 그대로 물을 완전히 말려 서늘한 곳에 보관하세요. 따뜻한 곳에 계속 두면 휴면 상태에 들지 못한 채 전체적으로 힘이 없고 새순이 작거나 색이 빠지게 됩니다. 휴면을 시켜 알뿌리에 영양분을 비축해 주세요.

물 |
성장기 : 겉흙이 마르면 듬뿍 주기
휴면기 : 단수
알뿌리(구근)를 심은 직후 : 새순이 나올 때까지 속흙이 마르면 듬뿍 주기
기본적으로 고온 다습한 환경을 좋아합니다. 성장기에는 겉흙이 마르면 물을 듬뿍 주고, 휴면기에는 물주기를 멈춰 주세요. 또한 구근식물인 칼라디움은 알뿌리의 상태에 따라서도 물주기 방식을 달리해야 합니다. 알뿌리를 심고 난 직후에는 속흙까지 말랐을 때 물을 주세요. 이 시기에 물이 잘 마르지 않고 흙이 젖어 있으면 알뿌리가 쉽게 무르고 뿌리파리 유충이 생기기 쉽습니다. 싹은 나는데 속은 곪아 갈 수 있으니 주의해야 해요. 그 후 싹이 돋고 잎이 나오면 겉흙이 말랐을 때 물을 줍니다.

분갈이 | 배수가 잘되는 흙에 심기

번식 | 종자번식, 영양번식(포기 나누기, 구근번식)
큰 알뿌리는 쪼개서 독립적인 개체로 각각 키울 수 있습니다.

병충해 | 응애, 뿌리파리

추천 장소 | 창가 옆

계절별 관리 |
봄 : 기온이 오르고 새순이 돋으면 물주기를 시작하고 양지로 옮겨 해를 보여 주세요.
여름 : 성장이 활발한 시기로, 비료를 주면 더욱 잘 자랍니다.
가을 : 기온이 낮아지고 잎이 시들어 가면 물주기를 멈추고 서늘한 곳에 보관하세요.
겨울 : 휴면기입니다. 알뿌리가 무르고 썩을 수 있으니 흙이 젖어 있는지 확인해 주세요.

칼라디움 알뿌리 심기

위로 동그랗게 나온 부분에서 잎이 나옵니다. 이 부분이 위로 향하도록 알뿌리를 심어 주세요. 만약 구분이 어렵다면 알뿌리를 옆으로 세워 세로로 심어도 좋습니다.

준비물 : 깊이가 있는 화분, 알뿌리

1 배수성이 좋도록 물구멍에 깔망을 올리고 난석을 넣어 주세요.
2 난석 위로 흙을 2/3 정도 채운 다음 알뿌리를 올립니다.
3 흙으로 알뿌리를 덮고 저면관수로 물을 준 후 따뜻한 곳에 둡니다.
4 싹이 올라옵니다.
5 무럭무럭 자라 잎을 펼친 모습.

사계귤나무

학명 *Citrus madurensis*
유통명 유주나무, 칼라만시

열매가 잘 맺히는 인테리어 식물을 찾고 있다면 사계귤나무 어떠세요? 여름부터 꽃이 서너 번은 피고, 자가결실로 열매를 맺어 관리도 쉬운 나무입니다. 열매는 식용할 수 있지만 아주 시기 때문에 관상용으로 보는 것을 추천해요. 향기로운 꽃은 물론 열매 수확하는 재미까지 느끼며 농부의 마음으로 사계귤나무를 키워 봅시다.

빛 | 양지
유실수이므로 빛은 필수입니다. 빛이 부족하면 꽃이 피지 않기 때문에 열매를 보기 힘들어요. 해를 많이 보여 줘야 하는데, 이때 화분을 돌려 가며 해를 보여 주는 것이 좋습니다. 한자리에 그대로 두고 키우면 빛을 받는 한쪽 면에서만 꽃이 피고 열매가 맺히거든요. 골고루 해를 보여 줘야 균형 있게 자랍니다.

온도 | 최저 월동 온도 -2°C(노지 월동 불가)

물 | 겉흙이 마르면 듬뿍 주기

분갈이 | 배수가 잘되는 흙에 심기
가지에 가시가 있어 긁히기 쉬우니 만질 때 조심하세요.

수형 관리 | 열매 솎아주기
꽃의 60~70%가 열매로 맺히는데, 열매를 적당히 따서 솎아 주지 않으면 양분이 모두 열매로 가기 때문에 나무가 양분을 골고루 받지 못합니다. 양분을 받지 못한 잎은 노랗게 변하게 되므로 이때는 열매를 어느 정도 솎아 주세요.
(tip) 질소 함유량이 높은 비료를 주면 잎의 변색을 방지할 수 있습니다.

번식 | 종자번식, 영양번식(줄기꽂이)

병충해 | 응애, 깍지벌레
사계귤나무는 통풍도 빛만큼이나 무척 중요한 식물이에요. 바람이 잘 통하지 않으면 잎이 우수수 떨어지거나 병충해가 생기기 쉬우니 통풍에 신경 씁니다.

추천 장소 | 해가 들어오는 창가 옆, 테라스

계절별 관리 |
봄 : 화분에 뿌리가 꽉 차면 성장이 더뎌지므로 분갈이를 해 주세요.
여름 : 꽃이 피기 시작합니다. 통풍과 물주기에 신경 써 주세요.
가을 : 열매가 맺히고 익기 시작합니다. 낙과에 특히 주의하세요.
겨울 : 성장이 더딘 시기이므로 과습에 주의합니다. 과습이 오면 잎을 떨구게 돼요.

콜레우스

학명 *Coleus*
유통명 콜레우스

잎이 화려해 정원수로 많이 심지만 추위에 약해 겨울이면 사그라드는 콜레우스입니다. 하지만 여러해살이풀인 콜레우스는 따뜻하게 관리해 주면 사계절 내내 키울 수 있어요. 콜레우스의 예쁜 잎을 오래 볼 수 있는 방법을 소개합니다. 전 세계에 약 150여 종이 있는 콜레우스 중에서 무늬가 예쁜 품종 올리브 모자이크(coleus olive mosaic)에 대해 알아봅시다.

빛 | 직사광선, 양지, 반음지
해를 좋아하지만 여름날 뙤약볕에 두면 잎이 타게 됩니다. 실외에 둘 경우 여름에는 그늘진 곳에, 실내에서는 밝은 그늘에서 키워 주세요. 햇빛이 부족하면 잎의 무늬가 엷어지고 잎이 커지므로 충분히 빛을 보아야 합니다.

온도 | 최저 월동 온도 8℃(노지 월동 불가)
고온 다습한 환경을 좋아하고 추위에 약한 편입니다.

물 | 겉흙이 마르면 듬뿍 주기
물을 좋아하는 식물로, 물이 부족하면 잎을 떨굽니다. 다만 물을 줄 때 잎에 물이 닿지 않게 주의해 주세요. 잎이 얇아 물에 닿은 잎은 쉽게 무릅니다.

분갈이 | 배수가 잘되는 흙에 심기

수형 관리 | 꽃대 제거 및 순지르기
꽃이 피면 영양분이 꽃으로 가면서 잎의 색이 엷어지고 수형이 흐트러집니다. 콜레우스의 꽃은 관상용으로도 그다지 예쁘지 않은 편이라 꽃대가 보이면 따 주는 것이 좋아요. 또한 순지르기를 하면 곁순이 나오면서 더욱 풍성하게 키울 수 있습니다. 무더운 여름과 장마철만 제외하고 순지르기를 해 주세요.

번식 | 종자번식, 영양번식(줄기꽂이)

병충해 | 곰팡이병, 응애

추천 장소 | 밝은 창가 옆, 베란다 안쪽

계절별 관리 |
봄 : 화분에 뿌리가 꽉 차면 성장이 더뎌지므로 분갈이를 해 주세요.
여름 : 성장이 활발한 시기로, 물마름이 빨라지니 물주기에 신경 씁니다.

가을 : 여름에 웃자란 가지를 다듬어 수형을 정리하면 더욱 풍성하게 키울 수 있어요.
겨울 : 날이 추워지면 냉해를 입지 않도록 따뜻한 곳으로 옮겨 주세요.

콜레우스 수형 관리

1 빛이 부족해 무늬가 옅어지고 잎이 커진 모습입니다.
2 토피어리 형태를 생각하며 윗부분만 남기고 가지치기를 해 줍니다.
3 해를 골고루 받으며 가지치기, 순지르기를 한 결과 풍성해졌습니다.

(tip) 키를 맞추기 위해 양쪽으로 난 곁순들 위를 가위로 바짝 자릅니다.

테라리엄

투명한 용기 안에 작은 식물을 재배하는 것을 테라리엄이라고 합니다. 용기 안 식물은 광합성의 작용으로 이산화탄소를 흡수하고 산소를 배출하면서 호흡하며, 증산 작용으로 생긴 수분이 다시 흙으로 흡수되기 때문에 물을 자주 주지 않아도 됩니다. 테라리엄에 어울리는 식물로는 넉줄고사리, 베고니아, 이끼류가 있어요. 테라리엄 속 식물은 까다롭지 않아야 하기에 반음지나 음지에서도 잘 자라는 식물로 구성하는 것이 좋습니다. 사계절 내내 살아 숨 쉬는 나만의 작은 정원을 만들어 볼까요?

빛 | 양지, 반음지, 음지
빛을 많이 요구하지는 않지만 부족할 경우 광합성이나 증산작용이 활발하게 일어나지 않습니다. 양지나 반음지에 두고 가끔씩 빛을 보여 주세요.

온도 | 최저 월동 온도 0℃(노지 월동 불가)
테라리엄에 활용하는 식물은 이끼를 제외하고는 대부분 추위에 약합니다. 베란다 월동은 가능하지만 기온이 낮아지면 따뜻한 곳으로 옮겨 주세요.

물 | 한 달에 한 번 물주기
잎을 통해 증발한 수분이 다시 내려와 뿌리로 흡수되기 때문에 물을 자주 주지 않아도 됩니다. 한 달에 한 번 정도 이끼의 상태를 보며 수분을 살짝 머금을 만큼만 주세요.

병충해 | 흰가루이, 곰팡이
공기 순환이 제대로 이루어지지 않을 경우 흰가루이나 곰팡이가 생깁니다. 작은 공간에 생기는 병충해는 테라리엄에게 최악의 상황이에요. 항상 눈여겨 관찰해야 합니다. 병충해가 생긴 잎은 회복이 어려우니 발견 즉시 제거하고 살충제나 살균제를 도포해 주세요.

추천 장소 | 식탁이나 책상 위, 선반

계절별 관리 |
봄가을 : 건조한 시기이므로 습도 관리에 신경 써야 합니다. 식물이 마르지 않도록 뚜껑을 닫아 주는 것이 좋아요.
여름 : 직사광선을 피해 뚜껑은 열어 두고 키웁니다. 고온 다습한 환경에 자칫 잎이 마르거나 녹을 수 있어요.
겨울 : 냉해를 입으면 잎이 처지고 물러집니다. 낮은 기온과 찬바람을 피해 따뜻한 곳으로 옮겨 주세요.

테라리엄 만들기

어항이나 리빙박스, 테이크아웃 컵 등 뚜껑이 있고 안이 보이는 투명한 용기를 활용해 테라리엄을 만들어 볼까요? 테라리엄에 사용할 흙은 미리 소독해서 준비합니다. 마사토와 흙만 넣어도, 또는 수태 하나만 넣어도 잘 살기 때문에 부담 가질 필요 없어요. 환경에 맞게 꾸며 봅니다. 핵심은 적당한 배수층과 공중 습도! 용기 안에서 키우기 때문에 공중 습도는 저절로 높아지니 가끔씩 환기를 시켜 주세요.

준비물 : 유리 용기, 숯(활성탄), 마사토, 무비상토(양분이 없는 흙)
식물 : 상록넉줄고사리, 타이거 베고니아, 마리아 베고니아, 슐제이 베고니아, 비단이끼 외

1 소독한 용기에 가장 먼저 원예용 숯이나 활성탄을 깔아 주세요.
   (tip) 기본적인 배수층:숯(살균)-마사토(배수)-흙(무균)
2 숯 위에 마사토를 깔아 주세요.
3 마사토가 살짝 잠길 만큼만 물을 부어 주세요.
4 그 위에 흙을 살살 뿌립니다. 채반에 담아 거르면 흙 사이에 공기층이 형성되어 더욱 좋아요.
   (tip) 흙을 너무 두껍게 깔면 물을 많이 머금어 과습이 오기 쉬우므로 주의합니다.
5 이제 흙 위에 준비한 식물을 심어 볼까요? 어느 위치에 심을 것인지 미리 구상하고 심는 것이 좋습니다. 크기가 큰 식물을 뒤쪽으로, 작은 식물은 앞쪽에 심어 주세요.
6 식물을 모두 심은 다음 흙 위에 이끼를 얹어 심어 주세요.
7 취향껏 피규어를 올려놓아도 좋아요. 완성!

(tip)
· 용기는 뚜껑이 있는 것이 더 좋습니다.
· 살균된 흙을 사용해 병충해를 방제합니다. 뜨거운 물을 부어 열탕소독하거나 전자레인지로 1분가량 열소독하는 방법이 있으며, 살균제를 도포해도 좋아요.
· 배수층을 나누어 배수가 잘되도록 만듭니다.
· 테라리엄은 공중 습도가 높은 편입니다. 물은 최대한 아껴서 주세요.

티트리

학명 *Melaleuca alternifolia*
유통명 멜라루카

티트리는 우리에게 에센셜 오일로 더욱 친숙합니다. 티트리 오일은 티트리 나무의 잎에서 추출해 얻을 수 있어요. 항균성과 항진균성 등의 효능이 뛰어나 소독제나 치료제, 화장품 등 여러 분야에서 다양하게 쓰이고 있죠. 상쾌한 향을 머금은 티트리 나무를 키워 볼까요? 잎을 문지르면 티트리 고유의 시원한 향을 맡을 수 있답니다.

빛 | 직사광선, 양지
직광에 내놓으면 눈에 보일 정도로 쑥쑥 자랍니다. 한여름의 강한 빛만 조심해 주세요. 잎이 안쪽으로 말리거나 탈 수 있습니다.

온도 | 최저 월동 온도 5℃(노지 월동 불가)
품종마다 월동 온도가 다르지만 안전하게 실내 월동을 추천합니다.

수형 관리 | 원하는 길이만큼 키운 후 생장점을 잘라 관리하기
성장 속도가 빠른 편으로, 자생지 오스트레일리아에서는 6m까지 자란다고 합니다. 홈가드닝 시에는 생장점을 잘라 토피어리 형태로 키워 보세요. 순지르기를 많이 할수록 풍성해집니다.

분갈이 | 배수가 잘되는 흙에 심기
티트리는 덥고 습한 환경, 늪이나 배수로 주변에서 잘 자랍니다. 물을 좋아하는 것이죠. 실외에서 키울 경우 보습을 위해 상토 비율을 높여서 심고, 실내에서 키울 경우 과습이 오기 쉬우므로 배수가 잘되도록 마사 비율을 더 높여서 심습니다.

개화 시기 | 5월에서 7월 사이
2~3년 정도 된 성목에서 하얀 솜털 같은 꽃이 핍니다. 새순 끝에서 꽃망울이 올라오니 꽃을 보려면 1월 이후에는 가지치기를 멈춰 주세요.

번식 | 종자번식, 영양번식(줄기꽂이)

병충해 | 응애, 깍지벌레

추천 장소 | 옥상, 마당, 테라스, 해가 들어오는 창가 옆

계절별 관리 |
봄 : 화분에 뿌리가 꽉 차면 성장이 더뎌지므로 분갈이를 합니다.
여름 : 성장이 활발한 시기로, 물마름이 빨라지니 물주기에 신경 씁니다.

가을 : 여름에 웃자란 가지를 다듬어 수형을 정리하면 더욱 풍성하게 키울 수 있어요.
겨울 : 추위로 성장이 멈추고 물마름이 더뎌집니다. 과습이 오기 쉬우니 물주기 간격을 늘려 주세요.

물 | 겉흙이 마르면 듬뿍 주기
잎이 작고 가느다란 식물은 물을 좋아해요. 여린 잎의 식물일수록 물주기 체크를 수시로 합니다. 한번 물을 말리면 살려 내기 어렵답니다. 다만 어느 정도 목대가 굵은 중·대품은 과습이나 물마름으로 몸살을 앓고 손상된 잎을 모두 떨군 후 다시 새순을 내기도 합니다.

[tip] 물마름 위험 신호 3단계
1단계, 고개 숙인 가지 : 괜찮습니다. 물을 주면 다시 고개를 들어요.
2단계, 노랗게 변하며 떨어지는 안쪽 잎 : 상한 잎과 가지를 절단하고 반음지에 옮깁니다. 새순이 돋아나며 다시 기운을 차릴 거예요.
3단계, 바깥쪽 잎까지 바싹 마른 상태 : 목질화된 줄기를 제외한 잔가지, 잎을 모두 정리합니다. 반음지에 옮겨 두고 새롭게 다시 시작한다는 마음으로 상태를 확인해 주세요.

과습으로 잎을 모두 떨군 티트리

반음지로 옮긴 후 다시 새순을 내며 풍성해져 가는 모습

티트리 가지치기

곁가지가 돋아난 부분은 가위로 정리하고 전체적으로 동그랗게 만들어 줍니다.

1 여름에 직광에 두어 웃자라고 잎이 탔습니다.
2 해당 부분을 가위로 정리해 주세요.
3 완성!

호주매

학명 *Leptospermum scoparium*
유통명 호주매화, 마누카

매화꽃을 닮아 호주매화라는 이름이 붙었어요. 꽃도 예쁘고 개화 기간이 길어서 인기 있는 식물 중 하나랍니다. 홑꽃과 겹꽃이 있고 하얀색, 분홍색, 빨간색 등 색도 다양해요. 이렇게 예쁜 호주매, 오래 보고 싶은데 매번 한 해를 넘기지 못하나요? 가드닝을 시작하며 제일 처음 들인 식물이 호주매였는데, 봄에 핀 꽃이 지니 잎도 떨어지면서 대부분 여름을 넘기지 못하더라고요. 몇 번 죽이고 나서야 호주매가 해와 바람을 좋아한다는 사실을 알게 되었죠. 홈가드닝도 시행착오가 필요해요. 경험으로 터득한 호주매 잘 키우는 방법, 지금 소개합니다!

빛 | 직사광선, 양지
호주매는 해와 바람을 매우 좋아합니다. 빛이 잘 드는 창가 옆에서 키워 주세요. 해를 많이 보아야 꽃눈도 많이 형성된답니다.

온도 | 최저 월동 온도 5°C(노지 월동 불가)
특히 여름 나기를 힘들어합니다. 병충해가 생기기 쉬우니 통풍에 신경 써 주세요.

물 | 겉흙이 마르면 듬뿍 주기
툭 건드렸을 때 잎이 우수수 떨어진다면 물이 말랐다는 신호입니다. 흙 상태를 자주 확인해 겉흙이 말랐다면 물을 듬뿍 주세요. 꽃이 필 시기에는 꽃봉오리가 마르지 않도록 물주기에 더욱 신경 써야 합니다.

분갈이 | 배수가 잘되는 흙에 심기
분갈이 몸살이 심한 편이므로 분갈이 시 뿌리가 다치지 않게 주의합니다. 화분에서 분리할 때 흙을 살살 털어 내고 분갈이할 화분에 그대로 넣어 빈 공간에 흙만 채운다는 느낌으로 옮겨 심어 주세요.

번식 | 종자번식, 영양번식(포기 나누기, 휘묻이, 줄기꽂이)

병충해 | 응애

추천 장소 | 옥상, 마당, 테라스, 해가 들어오는 창가 옆

계절별 관리 |
봄 : 꽃이 지면 가지치기와 순지르기로 수형을 다듬어 주세요.
여름 : 더위에 약한 편이라 잎에 힘이 없어집니다. 서늘하고 바람이 잘 통하는 곳으로 옮겨 주세요.

가을 : 꽃눈이 형성되고 있으므로 가지치기와 순지르기를 멈춥니다.
겨울 : 물마름이 오면 꽃대가 마르고 잎이 떨어지므로 물주기에 신경 씁니다.

개화 시기 | 겨울부터 늦봄까지
가을부터 꽃대가 올라오기 시작해 이듬해 늦봄까지 꽃을 볼 수 있습니다.

꽃대가 올라온 모습(11월)

수형 관리 | 위로 뻗으며 자라는 가지 틈틈이 정리하기

호주매는 위로 뻗으며 자라는 성질을 가지고 있어요. 가지치기하지 않고 키우면 여기저기 가지가 길게 뻗어 지저분해집니다. 꽃이 지면 전체적으로 가지치기한 다음 순지르기를 해 주면 곁순이 나오면서 풍성해져요. 단, 늦여름부터 가지에 꽃눈이 형성되기 때문에 가지치기와 순지르기는 초여름까지만 합니다. 꽃을 피우는 데 방해가 될 수 있어요.

뻗으며 자라는 줄기

(tip) 시든 꽃대를 그대로 놔두면 씨앗을 맺게 되는데, 수확해서 파종할 것이 아니라면 바로 제거해 주는 것이 좋아요. 씨앗을 맺은 가지는 상대적으로 성장이 더뎌집니다.

호주매 가지치기

1차 – 꽃이 진 후 가지치기

1. 여기저기 가지가 길게 뻗어 나온 호주매를 가지치기합니다. 동그랗게 다듬는 느낌으로 가지를 깎아 주세요.
2. 동그랗게 가지치기했습니다.

2차 – 초여름까지 지속적으로 다듬기

초여름까지는 계속 가지치기하며 수형을 다듬어 주세요. 화분이 작다면 분갈이도 합니다. 풍성한 모습도 예쁘지만 속을 보면 가지들이 이리저리 얽혀 있을 거예요. 서로 겹쳐 있거나 위아래로 뻗은 가지들은 모두 정리합니다.

1. 가지치기 후 다시 풍성해지면서 위아래로 뻗어 나오는 가지가 생깁니다.
2. 아래로 뻗은 가지를 잘라 냅니다.
3. 서로 얽혀 있는 속가지도 정리해 주세요.
4. 다시 깔끔해진 모습. 잔가지들을 정리하면 원가지가 더욱 잘 자라고 가지 사이로 통풍이 원활해져 병충해도 예방할 수 있습니다.

호주황동백

학명 *Camellia japonica 'Brushfield's Yellow'*
유통명 필드옐로

호주황동백의 첫인상은 놀라움 그 자체였어요. 동백 하면 빨간 꽃잎에 노란 꽃가루만 생각했으니 당연하죠. 크림색의 겹꽃이라니! 장미나 작약이 아닌 동백이라는 게 너무 신기했답니다. 동백도 화형과 색에 따라 품종이 다양하다는 사실, 알고 계셨나요? 호주황동백은 이름 그대로 호주에서 개량한 품종입니다. 겹겹의 꽃이 크고 화려한 것이 특징이에요.

빛 | 직사광선, 양지
바람이 잘 통하는 양지에서 키워 주세요.

온도 | 최저 월동 온도 -15℃(남부지방 노지 월동 가능)

물 | 겉흙이 마르면 듬뿍 주기
동백은 잔뿌리가 별로 없기 때문에 과습에 취약한 편입니다. 물마름이 빠른 토분에서 키우는 것을 추천해요. 꽃대가 보이기 시작하면 물이 더 많이 필요하므로 흙 상태를 자주 체크하면서 물을 줍니다. 물이 마르면 꽃대가 떨어지기 쉬우니 물마름에 주의하세요.

개화 시기 | 늦가을부터 봄까지
보통 동백은 실외에서 키우기 때문에 1월에서 4월 사이에 꽃을 봅니다. 하지만 호주황동백은 실내에서 키우므로 상대적으로 온도가 높아 늦가을부터 빠르게 꽃이 피기도 합니다. 꽃눈이 형성되는 시기는 8월이니 8월 전까지 가지치기를 해 주세요.

수형 관리 | 취향껏 키우기
동백은 직립으로 곧게 자라는 성질을 가지고 있습니다. 원하는 길이만큼 키운 다음 생장점을 잘라 곁가지를 내도 좋고 분재용 철사를 줄기에 감아 구부리며 모양을 내도 좋습니다.

분갈이 | 배수가 잘되는 흙에 심기
배수성 좋은 마사의 비율을 높여 심는 것이 좋습니다. 또한 동백은 약산성의 토양을 좋아한다고 해요. 분갈이할 때 산성 성분을 함유한 흙 녹소토를 30% 비율로 섞어 주면 더욱 튼튼하게 기를 수 있습니다.

번식 | 종자번식, 영양번식(줄기꽂이)

병충해 | 진딧물, 응애, 깍지벌레

추천 장소 | 해가 잘 드는 창가, 테라스

계절별 관리 |
봄 : 날이 풀리면서 꽃이 지고 잎이 나오기 시작합니다. 분갈이와 가지치기가 필요해요.
여름 : 늦여름부터 꽃눈이 형성됩니다. 꽃눈이 너무 많다면 적당히 솎아 주세요.
가을 : 꽃눈이 커지기 시작합니다. 희석한 액비를 2주에 한 번 주면 좋아요.
겨울 : 꽃이 피기 시작해요. 물이 마르거나 습도가 낮으면 꽃대가 떨어지므로 습도와 물주기 관리에 신경 씁니다.

9월 중순, 꽃대가 어느 정도 올라온 모습

이듬해 6월, 꽃이 지고 새순이 나오는 모습

(tip) **꽃대가 떨어지거나 꽃이 피다 말고 툭 떨어질 때**
평소에는 병충해도 없고 건조에도 강하다가 꽃대만 생기면 까칠해지나요? 개화 직전의 동백은 가장 예쁜 모습을 보여 줍니다. 온 신경을 꽃에게 집중하고 있죠. 이때는 비료를 주기보다는 공중 습도를 높이고 물주기에 신경 쓰는 것이 좋습니다. 습도가 낮으면 꽃을 피워도 만개하지 않고 중간에 떨구거든요. 온습도계를 보며 분무기로 습도를 조절하고 겉흙이 마르면 물을 듬뿍 주세요. 하지만 과습은 금물입니다.

(tip) **자리만 옮겼을 뿐인데 꽃대가 툭 떨어질 때**
주위 환경이나 온도 변화가 심할 경우 꽃대가 떨어지기도 합니다. 온라인이나 화원을 통해 동백을 새로 들이거나 꽃이 핀 동백이 보고 싶어 베란다에서 거실로 옮긴 다음 날, 툭 떨어진 꽃대를 보게 됩니다. 이동이 필요하다면 조금씩 자리를 옮기며 서서히 적응시키는 것이 좋아요. 홑꽃은 겹꽃에 비해 꽃 보기가 쉬운 편이니 아직 겹꽃이 자신 없다면 홑꽃으로 피는 동백으로 도전해 보세요!

휴케라

학명 *Heuchera sanguinea*
유통명 바위취

사계절 내내 화려한 잎을 보여 주는 휴케라. 추위에 강해 정원수로 많이 사용합니다. 잎도 아름답지만 긴 꽃대에 앙증맞게 매달린 작은 꽃이 사랑스러워요. 종류가 다양하므로 취향껏 선택해 키워 보세요.

빛 | 직사광선, 양지, 반음지
해를 좋아하지만 뙤약볕에서는 잎이 탑니다. 실외에서 키울 경우 여름에는 그늘진 곳에 두고 실내에서는 양지나 반음지에서 키워 주세요. 잎 색이 진하거나 어두운 품종은 직광을 잘 견디는 편이라 한여름의 직광을 제외하고는 어디서든 무난하게 잘 자랍니다. 잎에 흰무늬가 있거나 색이 밝은 품종은 빛에 약하므로 양지나 반음지에서 키워 주세요.

온도 | 최저 월동 온도 -3~-40℃(노지 월동 가능) *품종에 따라 다름
실외에서 키우면 겨울에 잎이 사그라들었다가 봄에 새순이 돋아납니다.

물 | 겉흙이 마르면 듬뿍 주기
휴케라는 건조에 강합니다. 과습으로 죽는 경우가 많으니 흙 상태를 체크하고 물을 주세요.

개화 시기 | 5~6월
길고 곧게 선 꽃대 끝에 작은 꽃이 모여 달립니다.

분갈이 | 배수가 잘되는 흙에 심기
휴케라는 화분이나 땅속에 깊게 심지 않습니다. 포기를 나누기 때문에 너무 깊이 심으면 새순이나 뿌리가 썩을 수 있어요.

번식 | 종자번식, 영양번식(포기 나누기, 자구번식)
휴케라를 오래 키우다 보면 줄기가 목질화됩니다. 목질화 후에는 성장이 느려지므로 포기를 나누어 새로 키우는 것이 좋아요. 분촉은 회복과 뿌리내림이 빠른 봄에 하는 것을 추천합니다.

병충해 | 곰팡이병, 깍지벌레

추천 장소 | 밝은 창가 옆, 마당의 나무 그늘 아래, 베란다 안쪽

계절별 관리 |

봄 : 날이 풀리면서 새순이 돋아납니다. 건조에 강한 편이지만 새순이 마르지 않도록 물마름에 주의하세요.

여름 : 잎이 타지 않도록 직광을 피해 양지나 반음지로 옮깁니다.

가을 : 웃자라게 되므로 다시 해가 드는 곳으로 옮겨 주세요.

겨울 : 실내에서는 변화가 없는 반면 실외에 둔 경우 잎이 사그라듭니다. 기온이 많이 낮다면 멀치(mulch)나 비닐, 짚 등으로 흙을 덮어 뿌리를 보호해 주세요.

휴케라 포기 나누기

1 포기를 나눌 휴케라를 준비합니다.

2 겉으로는 한 개체로 보이지만 잎을 살짝 들추면 세 개로 나뉘진 모습입니다. 화분에서 꺼내면 더욱 잘 보여요.

3 두 포기로 분리되도록 완전히 자릅니다.

4 휴케라가 두 개로 분리되었습니다.

5 분리한 포기를 깊게 심지 않고 흙의 표면 위로 살짝 보이도록 심어 주세요.

pet plant & home gardening

4장.

상전을 모시고 삽니다
상급 식물

베고니아

학명 *Begonia*
유통명 고니

길가에 흔히 심어진 베고니아, 무심히 지나가기 일쑤죠. 하지만 휘황찬란한 색의 잎과 우아한 꽃을 피우는 베고니아를 보고도 무관심할 수 있을까요? 베고니아의 품종은 엄청나게 다양하다는 말씀! 그러다 보니 키우기 쉬운 품종이 있는 반면 습도에 민감한 탓에 까다로운 품종도 있어요. 그런데 번식 능력은 좋아서 베고니아 늘리는 재미에 빠지면 헤어날 수 없을 정도랍니다. 다양한 매력을 가진 베고니아에 대해 알아볼까요?

| 베고니아의 분류 |

전 세계에 다양한 품종을 보유하고 있는 베고니아는 다른 식물에 비해 변종도 많고 품종별로 서로 교잡할 수 있어 수많은 교배종이 생겨납니다. 잎의 모양이나 습성에 따라 크게 다섯 가지로 분류합니다.

- 꽃 : 구근 베고니아, 사철 베고니아
- 잎 : 렉스 베고니아, 근경성 베고니아
- 관목 : 목성 베고니아

구근 베고니아 : 뿌리 부분이 알뿌리로 된 베고니아
일루미네이션 피치앤크림, 일루미네이션 화이트, 멕스웰톤

근경성 베고니아 : 줄기가 흙 위를 기어 자라는 베고니아
타이거, 마리아

렉스 베고니아 : 원종 렉스를 다른 품종과 교배해 만든 베고니아
듀드롭, 헬렌튜펠, Ra, 덴버레이스 외

목성 베고니아 : 직립성의 줄기와 마디를 형성하며 자라는 베고니아. 줄기가 굵게 자라는 특성 때문에 목성이라고 부르지만 나무처럼 목질화되지는 않습니다.
타마야, 핑크밍스

사철 베고니아 : 봄부터 가을까지 쉼 없이 꽃을 피우는 베고니아
더블릿 핑크

각 품종의 특성을 포괄적으로 분류한 것으로, 몇몇 특정 개체의 경우 다를 수 있습니다. 식물을 구입할 때 반드시 해당 식물의 특성과 생육 환경에 대해 알아보세요.

렉스 베고니아

근경성 베고니아

구근 베고니아

목성/사철 베고니아

빛 | 양지, 반음지, 음지
베고니아는 품종에 따라 해를 좋아하기도, 싫어하기도 합니다. 각 베고니아의 특성을 파악한 다음 해를 보여 주세요.

양지, 반음지 : 목성 베고니아, 사철 베고니아, 구근 베고니아, 근경성 베고니아
반음지, 음지 : 근경성 베고니아, 렉스 베고니아

온도 | 최적 온도 20~25℃, 최저 월동 온도 5℃(노지 월동 불가)
베고니아는 추위에 민감합니다. 찬바람을 맞으면 잎이 축 처지거나 무르기도 해요. 5℃ 이하로는 내려가지 않도록 온도 관리에 주의하세요. 한해를 입게 되면 이듬해에 성장이 원활하지 않습니다.

물 | 물은 품종에 따라 적당히, 습도를 높이기
품종에 따라 물을 좋아하기도, 좋아하지 않기도 합니다. 그중에서도 잎과 줄기에 솜털이 많은 품종은 물이 닿는 걸 싫어하므로 저면관수를 해주세요. 솜털은 공중 습도를 빨아들이는 역할을 합니다. 베고니아는 과습 시 쉽게 무르고 곰팡이가 생기므로 물주기에 각별히 신경 써야 해요. 저마다 다른 베고니아들에게 공통점이 하나 있는데, 물보다 공중 습도 높은 것을 선호한다는 점입니다. 물은 적게, 습도는 높여 주세요.

물을 말려 축 처진 베고니아

저면관수

물을 좋아하는 품종 : 목성 베고니아
과습을 조심해야 하는 품종 : 근경성 베고니아, 렉스 베고니아, 구근 베고니아, 사철 베고니아

물을 흡수하고 다시 일어난 베고니아

습도 | 품종에 따라 다름

렉스 베고니아와 근경성 베고니아는 높은 습도를 요구하는 편입니다. 그래서 대부분 어항이나 유리 용기, 리빙박스 등에 넣어서 키워요. 어린 모종은 뿌리줄기와 뿌리 발달에 힘쓸 시기인 데다 개체가 약하기 때문에 특별히 신경 써야 합니다. 낮은 습도에 오래 있게 되면 잎이 처질 수 있어요. 용기에 넣어 습도를 높여 주면 발달에 도움을 줍니다.

뿌리가 곧게 뻗어 나가고 뿌리줄기가 커지기 시작하면 서서히 바깥 습도에 적응하도록 도와주세요. 그래야 밖에서도 튼튼하게 자랄 수 있어요. 품종별로 적절한 습도를 유지해 주어야 건강하게 잘 자랍니다.

기성품 미니온실과 선반과 비닐을 이용한 DIY 온실

바깥 습도에 적응하도록 비닐을 걷은 모습

수형 관리 |

목성 베고니아 : 나무처럼 가지치기하기

1 마디 사이사이가 길어져 웃자란 타마야 베고니아입니다.
2 마디와 잎 사이로 새순이 나올 조짐이 보이네요.
3 마디 위로 바짝 잘라 주세요.
4 순지르기 후 풍성해진 모습입니다.

렉스/근경성 베고니아 : 1년간 뿌리줄기(근경)와 뿌리 키우기

1 기온이 높아지면 잎자루가 길게 늘어지면서 자라는데, 지저분하더라도 그냥 둡니다. 뿌리줄기를 키우는 것이 더 중요해요.
2 길게 자란 잎자루 중 변색되고 솜털이 적은 잎을 제거해 줍니다. 오래된 잎은 새 잎에게 갈 양분을 가로챕니다. 한 번에 자르지 않고 조금씩 제거해 주세요.

뿌리줄기가 작으면 잎자루가 늘어지는 반면 뿌리줄기를 제대로 키우면 잎자루가 긴 것도 위로 지탱하는 힘을 가지게 됩니다. 뿌리줄기가 튼튼해야 큰 잎도 나온답니다.

번식 | 종자번식, 영양번식(포기 나누기, 줄기꽂이, 잎꽂이, 구근번식)
잎꽂이 또는 잎맥꽂이를 위해 용기, 화분, 소독한 수태 또는 양분이 없는 흙, 잎, 칼 등을 준비합니다.

잎꽂이

잎꽂이는 흙, 수태를 이용하거나 물꽂이를 해도 좋아요. 잎줄기를 남길 경우 잎줄기 끝에서 뿌리가 나오고 잎은 잎맥 중앙이나 잎줄기 끝에서 나오게 됩니다.

흙

화분에 잎꽂이를 하면 따로 정식(분갈이)할 필요 없이 그대로 키울 수 있어 편합니다.

1 잎자루를 1cm 정도 남기고 자릅니다. 마르거나 상처 난 부분도 잘라 주세요.
2 화분에 흙을 담고 촉촉하게 적신 뒤 물기를 빼 주세요(과습 방지).
3 잎자루가 들어갈 구멍을 내고 잎을 올린 후 수태를 얹어 주세요.
4 수태와 흙이 마르지 않도록 뚜껑이 있는 용기에 넣어 보관합니다.
5 뿌리와 새잎이 납니다.

잎맥꽂이

잎맥꽂이를 하면 잎맥을 따라 뿌리가 나고 새순이 돋습니다.

1 잎의 마르거나 상처 난 부분을 자르고 잎자루도 잘라 준비합니다.
2 잎을 잎맥 방향으로 조각냅니다.
3 용기에 수태를 넣은 다음 잎을 올리고 잎맥 중앙을 살짝 덮어 주세요. 그리고 수태가 마르지 않도록 관리합니다.
4 뿌리와 새잎이 납니다.

분갈이 | 배수가 잘되는 흙에 심기

화분은 통기성 좋은 토분보다 습기를 머금을 수 있는 플라스틱 재질로 선택합니다. 토분은 내부의 습기를 사방으로 방출하기 때문에 습도 높은 환경을 좋아하는 베고니아에게 적합하지 않아요. 습기를 오래 머금는 플라스틱이나 유약 화분을 추천합니다. 크기는 어느 정도 높이가 있는 것으로 사용하고 화분 안에는 흙을 낮게 채워서 빈 공간에 습기가 머물도록 하면 새순이 탄력적으로 자라납니다. 과습이 걱정된다면 배수층을 높게 잡는 것도 좋은 방법이에요.

병충해 | 흰가루이, 곰팡이, 뿌리파리

일교차가 클 때 주로 발생하는데, 병충해 입은 잎은 전염성이 있고 회복이 어려운 편입니다. 회복한다 해도 상처가 남기 때문에 예방이 중요해요. 주기적으로 농약을 살포해 주세요.

추천 농약
비반도 : 비침투성, 물에 희석해서 잎과 줄기에 골고루 분무해 주세요.
더마니 : 침투성, 물에 희석해서 물을 줄 때 섞어 사용합니다.

추천장소 | 베란다 안쪽, 반쯤 그늘진 곳

계절별 관리 |
봄 : 뿌리가 꽉 찼다면 분갈이를 해 주세요. 병충해를 예방하기 위해 농약도 살포합니다.
여름 : 잎이 탈 수 있으니 직광을 피해 서늘한 곳으로 옮겨 주세요. 렉스/근경성 베고니아를 용기 안에 계속 두면 높은 온도에 녹을 수 있으니 용기에서 꺼냅니다. 습도가 높은 계절이므로 바깥에서도 잘 자라니 뚜껑을 조금씩 열어 바깥 환경에 적응할 수 있도록 도와주세요. 밀폐 공간에서보다 더욱 건강하게 자란답니다.
가을 : 잎이 마를 수 있으니 습도가 낮아지지 않도록 신경 씁니다.
겨울 : 추위에 약하므로 영하로 떨어지지 않게 주의합니다. 한해를 입으면 이듬해에 원활히 성장하지 못하니 따뜻한 곳으로 옮겨 주세요.

습도에 구애받지 않고 실외에서도 잘 자라는 베고니아들(사진 제공 : 소리야 님)

뿌리줄기와 뿌리가 튼튼한
나이배기 베고니아들
(사진 제공 : 소리야 님)

옥살리스

학명 *Oxalis*
유통명 사랑초

하트 모양 잎 때문에 사랑초로 불리는 식물, 옥살리스입니다. 전 세계에 850여 종이 넘게 분포하고 있어요. 친숙한 보라 사랑초 외에 꽃이 화려하게 피고 잎이 예쁘며 기온에 따라 잠을 자기도 하는, 조금 생소한 사랑초들을 소개합니다. 관리하기 까다롭지만 하나둘 꽃대가 올라오며 만개하는 모습을 보면 그 매력에 푹 빠질 거예요.

| 옥살리스의 분류 |

- **상록형 옥살리스** : 사계절 휴면하지 않고 자라는 품종
  보라 사랑초(*Oxalis triangularis subsp. papilionacea*)
  황금그물무늬사랑초(*Oxalis Corymbosa 'Aureo-reticulata'*)
  쿠퍼글로우(*Oxalis Vulcanicola 'Copper Glow'*)
  플럼 크레이지(*Oxalis Vulcanicola 'Plum Crazy'*)
  산미구엘리(*Oxalis Sanmiguelii ssp. Urubambensis*)

- **동형종 옥살리스** : 가을부터 봄까지 성장하며 여름에 휴면하는 품종
  스테노린챠(*Oxalis stenorrhyncha*)
  크리스피플로라(*Oxalis sp. crispiflora*)
  옵투사 어프리콧크림(*Oxalis Obtusa Apricot Cream*)
  파라다이스 화이트(*Oxalis pardalis white form*)

- **하형종 옥살리스** : 봄부터 가을까지 성장하며 겨울에는 휴면하는 품종
  라시안드라(*Oxalis Lasiandra*)
  데페이 아이언 크로스(*Oxalis Deppei 'Iron Cross'*)

쿠퍼글로우(Oxalis Vulcanicola 'Copper Glow')

옵투사 어프리콧크림(Oxalis Obtusa Apricot Cream)

데페이 아이언 크로스(Oxalis Deppei 'Iron Cross')

빛 | 직사광선, 양지

옥살리스는 무조건 해를 많이 보는 것이 좋아요. 그래야 웃자라지 않고 오밀조밀하게 크고 꽃대도 많이 올라옵니다. 집에서 해가 제일 잘 드는 곳에서 키워 주세요.

온도 | 최저 월동 온도 -3~-5℃(노지 월동 불가)

추위에 강한 편으로 남부지방에서는 노지 월동이 가능한 품종도 있지만 화분에서는 힘들어요. 실내에 두는 것을 추천합니다.

(tip) 여름에 취약한 플럼 크레이지와 쿠퍼글로우

플럼 크레이지와 쿠퍼글로우, 실리코우사 등 줄기에 수분이 많은 사랑초는 관리를 잘하더라도 고온 다습한 환경의 여름을 힘들어합니다. 잎이 시들고 줄기가 물러 죽기 직전까지 가기도 하죠. 하지만 선선해지는 가을이 오면 다시 새순을 내고 겨울에는 언제 그랬냐는 듯 활짝 꽃을 피웁니다. 한 톨의 알뿌리와 줄기 하나만 있어도 다시 살아나는 무시무시한 생명력을 가지고 있어요.

여름의 플럼 크레이지

겨울의 플럼 크레이지

물 | 겉흙이 마르면 듬뿍 주기

옥살리스는 낮게 자라는 편이라 잎과 줄기가 흙에 닿아 있는 경우가 많습니다. 물에 닿은 잎과 줄기가 제대로 마르지 않으면 썩거나 곰팡이가 생길 수 있으니 저면관수로 물을 주는 것을 추천해요. 싹이 나고 화분에 잎이 가득 퍼질 때쯤에는 물마름이 빨라지므로 꽃대가 보이기 시작하면 더욱 신경 써서 관리합니다. 이때 물이 마르면 꽃대가 시들고 노랗게 하엽이 집니다.

수형 관리 | 줄기가 길게 나오는 품종은 지지대 받쳐 주기

분갈이 | 배수가 잘되는 흙에 심기

옥살리스는 어떤 흙이든 상관없이 배수가 잘되면 잘 자랍니다. 분갈이 흙이나 상토, 재활용 흙도 모두 가능해요. 단, 옥살리스에 사용한 흙은 재활용하지 않는 것이 좋습니다. 알뿌리를 수확했더라도 간혹 흙 속에 남아 있는 미세한 알뿌리들에서 싹이 나 재활용한 흙을 쓴 식물에게 지장을 줄 수 있어요. 옥살리스에 쓰고 남은 흙은 과감히 버립니다. 어차피 쓰다 버릴 흙이니, 상토와 펄라이트 조합에 알비료 또는 액비를 주면 좀 더 낫겠죠?

질문1. 다양한 모양의 알뿌리, 심는 방법은?
싹이 나왔다면 싹 난 방향을 위로, 싹이 나오지 않았다면 눕혀서 심어 주세요.

싹이 난 알뿌리를 심은 모습

질문2. 화분에 알뿌리 몇 개까지가 적당할까?
화분에 알뿌리를 많이 심으면 처음엔 풍성해 보일지 몰라도 갈수록 관리가 힘들어집니다. 화분에 포기가 꽉 차 물마름이 빨라지고 통풍도 불량하죠. 알뿌리 수확량도 좋지 않답니다. 알뿌리 하나만으로도 금세 풍성해지니 화분 크기에 맞게 심어 보세요.

화분 크기별 알뿌리 개수(10호 1~2개, 13호 2~3개, 15호 3~4개)

질문3. 더 이상 꽃대가 올라오지 않고 잎만 무성해요.
꽃이 피지 않고 잎만 무성하게 자란다면 흙 속의 알뿌리를 키울 시기입니다. 물을 말리지 말고 계속 키워 주세요. 기온이 오르면 잎이 점점 노랗게 하엽 지는데, 이때 물을 말려 주세요. 구근을 수확할 시기가 다가옵니다.

번식 | 종자번식, 영양번식(포기 나누기, 줄기꽂이, 구근번식)

병충해 | 곰팡이, 뿌리파리, 진딧물, 응애
동형종 옥살리스에는 진딧물이, 상록형 옥살리스에는 응애가 잘 생깁니다. 진딧물의 경우 알뿌리를 심을 때 흙 속에 전용 입제 농약을 섞어 예방할 수 있어요.
추천 농약 : 코니도 입제, 레피드킬 입제

추천 장소 | 마당, 해가 들어오는 창가 옆, 테라스

계절별 관리 |
동형종 옥살리스
가을 : 구근에 싹이 나기 시작하면 화분에 심어 주세요. 제때 심지 않으면 자라난 싹이 웃자랍니다. 화분에 심은 후 잎이 하나둘 나오기 시작하면 무서운 속도로 자라납니다.
겨울 : 꽃대를 하나둘씩 올리기 시작하는 시기이므로 물주기에 신경 씁니다. 일주일에 한 번 비료를 주면 좋습니다.
봄 : 꽃이 만개한 후 잎이 무성해지며 흙 속의 구근을 키울 시기입니다. 겉흙이 마르면 물을 듬뿍 주세요.
여름 : 잎이 시들기 시작하면 물 공급을 중단합니다. 흙을 바짝 말린 후 구근을 수확해 서늘한 곳에 보관합니다.

상록형 옥살리스
봄 : 화분 물구멍 밖으로 뿌리가 나오지 않았나요? 분갈이를 해 주세요.
여름 : 높은 습도와 더위에 취약합니다. 서늘한 곳으로 옮기고 물주기 간격을 늘려 주세요.
가을 : 기운을 차리고 다시 새순을 내기 시작합니다. 시든 잎이나 줄기가 있다면 정리해 주세요.
겨울 : 추운 겨울에도 잘 자라지만 한해를 입을 수 있으니 찬바람에 유의합니다.

동형종 옥살리스(크리스피플로라) 알뿌리 심고 수확하기

동형종 옥살리스의 알뿌리 심는 시기는 9월부터 11월까지입니다. 가을부터 겨울까지 꽃이 피는 품종은 9월에, 겨울부터 봄까지 꽃이 피는 품종 10~11월에 심어 주세요. 이후 온도가 20℃를 넘기면 잎이 노랗게 마르면서 휴면할 준비를 합니다. 이때는 물 공급을 중단하고 흙을 바짝 말려 서늘한 곳에 보관하거나 알뿌리를 수확해 보관합니다.

구근(알뿌리) 심기

1 배수가 잘되도록 화분에 배수층을 만들어 주세요.
2 흙을 2/3 정도 채웠다면 그 위에 알뿌리를 올립니다. 싹이 났다면 싹이 위를 보도록 심고, 위아래 구분이 어렵다면 눕혀서 심어 주세요.
3 알뿌리를 흙으로 덮어 주세요.
4 저면관수로 물을 듬뿍 준 후 해가 잘 드는 곳에서 키웁니다.
5 싹이 나고 꽃이 필 거예요.

구근(알뿌리) 수확하기

1 흙이 바짝 마른 모습입니다. 시든 잎을 정리해 주세요.
2 화분을 기울인 다음 물구멍에 손을 넣어 흙과 화분을 분리합니다.
3 윗부분에서부터 알뿌리를 골라내요.
4 골라낸 구근을 다시백 등에 넣어 서늘하고 바람이 잘 통하는 곳에 보관합니다. 이름표를 함께 넣어 두는 것이 좋아요.

유칼립투스

학명 *Eucalyptus*
유통명 유칼립투스

유칼립투스 하면 코알라와 오일이 떠오릅니다. 유칼립투스는 호흡기 질환과 방부·소독 효과가 뛰어나 의약품이나 화장품 등 여러 분야에서 다양하게 쓰이고 있어요. 비염에 좋다고 해서 유칼립투스를 집에 들이기도 하는데, 실제로 효과는 미미한 편입니다. 대신 시원한 향을 맡으며 나무가 주는 청량감을 느낄 수 있어요. 쑥쑥 키우는 재미도 덤이죠.

| 유칼립투스의 품종 및 최저 월동 온도 |

유칼립투스는 호주가 원산지로, 약 700여 종이 넘는다고 해요.

- 시중에서 쉽게 볼 수 있는 유칼립투스
  유칼립투스 폴리안 *Eucalyptus polyanthemos* / -10℃
  유칼립투스 실버드롭 *Eucalyptus gunnii-Cider Gum(Silver Drop)* / -15℃

- 향이 강한 유칼립투스
  유칼립투스 글로불스 *Eucalyptus globulus* / -4℃
  유칼립투스 레몬검 *Eucalyptus citriodora* 'Lemon Scented Gum' / 0℃

- 저자가 추천하는 유칼립투스
  유칼립투스 문라군 *Eucalyptus Moon Lagoon* / -8℃
  유칼립투스 알비다 *Eucalyptus Albida Rustle Gum* / -5℃

- 그 외 다양한 품종의 유칼립투스
  유칼립투스 톨러렉 *Eucalyptus Pleurocarpa-Tallerack* / -5℃
  유칼립투스 슈가검 *Eucalyptus sugar gum* / -7℃

빛 | 직사광선, 양지

지중해성 기후나 열대 기후에서 잘 자랍니다. 햇빛과 바람을 좋아하는 식물이죠. 실외에서는 무난하게 잘 자라며, 실내에 둘 경우 해가 잘 들고 바람이 잘 통하는 곳에서 키워 주세요.

온도 | 최저 월동 온도 별도 표기(269쪽)

대체적으로 추위에 강한 편으로, 품종에 따라 남부 지방에서 월동이 가능하기도 합니다. 낮은 기온보다는 찬바람에 유의하세요.

물 | 속흙이 마르면 듬뿍 주기

건조에 강한 편이지만 성장세가 있는 봄에서 가을까지는 물마름 시기가 빠릅니다. 식물과 흙 상태를 체크해 가며 물을 주세요. 과습일 경우 새순이 처지고 마르며, 물이 부족할 경우 전체적으로 잎이 고꾸라지고 아래쪽 잎부터 마릅니다.

수형 관리 | 생장점 잘라 순지르기

유칼립투스는 실외에서 키울 경우 1년에 2m, 크게는 3m까지 자라는 속성수입니다. 실내에서는 부담스러운 크기죠. 어느 정도 키가 자랐다면 생장점을 자르고 순지르기를 해 곁순을 늘리며 풍성하게 키워 보세요. 직립성이 강해 외목으로 키우기 쉬운 식물로, 어린나무 때부터 지지대를 이용해 목대를 곧게 세워 줍니다. 키가 적당하게 자랐다면 아래부터 가지치기하고 순지르기를 해 풍성하게 키웁니다. 토피어리 형태로 키우기 좋답니다.

분갈이 | 배수성 좋은 마사토 비율을 높여 심기
건조에 강한 식물은 과습에 취약한 편입니다. 실내에서 유칼립투스를 키운다면 통기성 좋은 토분에 심어야 물마름이 빨라 안전해요. 크기가 작은 소품은 자칫 몸살을 앓다 죽기 쉬우니 화분째 들어내 그대로 옮겨 심습니다. 중·대품은 뿌리내림과 목대가 어느 정도 튼실하므로 둘레 끝을 중심으로 뿌리를 살짝 정리해 주세요. 뿌리몸살 염려가 있는 소품은 뿌리 정리를 피하는 것이 좋지만 중·대품은 괜찮습니다.

번식 | 송자번식, 영양번식(줄기꽂이)
유칼립투스는 영양번식이 힘든 편입니다. 절화, 소재로 나온 가지는 꺾꽂이가 불가해요.

병충해 | 응애, 온실가루이
식물에게 필요한 수분과 증산작용을 통해 잎으로 배출해 내는 수분량에 비해 과도하게 많은 양의 수분을 흡수한 경우 수포현상이 나타납니다. 특히 겨울에 많이 나타나는데, 기온이 낮고 통풍이 불량하며 습도가 높은 환경 때문이에요. 전염성은 없지만 수포가 생긴 잎은 회복이 힘드니 바로 제거합니다. 수포현상을 예방하기 위해 겨울에는 물주기 간격을 늘려 건조하게 키워야 하며, 습도가 높아지지 않도록 신경 씁니다. 환기가 힘들다면 선풍기나 서큘레이터 등을 이용해 공기의 흐름을 만들어 주세요.

유칼립투스의 수포현상(Edema)

추천 장소 | 해가 들어오는 창가 옆, 테라스, 마당, 옥상

계절별 관리 |
봄 : 날이 풀리고 새순이 돋아납니다. 묵은잎을 솎아 주세요.
여름 : 성장이 활발한 시기로, 물마름이 빨라지니 물주기 관리에 신경 씁니다.
가을 : 가지치기와 분갈이를 합니다. 뿌리 정리는 살짝만 하고 뻗친 가지를 다듬어 주세요.
겨울 : 기온이 낮아 성장이 주춤한 시기입니다. 물주기 간격을 늘려 과습을 예방하세요.

유칼립투스 가지치기

베이비블루

1 가지치기할 유칼립투스 베이비블루입니다.
2 아래쪽 가지를 정리합니다.
3 위쪽은 동그랗게 다듬어 모양을 만들어 주세요.
4 곁순이 나와 풍성해지면 다시 동그랗게 다듬어 주세요.

페라고늄

학명 *Pelargonium*
유통명 제라늄

이왕 시작하게 된 가드닝, 꽃 피는 식물을 키우면 더 좋지 않을까 하는 생각에 한동안 꽃 피는 식물만 들였던 적이 있어요. 예쁘긴 한데 꽃이 지면 초라해지고 벌레도 많이 생겨 결과는 참혹했습니다. 그런데 화원 아주머니의 '일 년 내내 꽃이 피는 식물'이라는 말에 확 끌려 구입한 페라고늄, 그때가 시작이었어요. 가드닝의 늪으로 제대로 빠져 버린거죠.

| 페라고늄의 종류 |

페라고늄은 꽃과 잎의 모양, 향에 따라 크게 네 종류로 구분합니다.

- **조날 페라고늄** *Pelargoniums X Hortorum*
  시중에 많이 판매되는 품종으로 종류가 다양하며 꽃이 연중 개화합니다.

- **리갈 페라고늄** *Pelargoniums X Domesticum*
  잎이 거친 편이며 꽃이 연중 개화하지 않고 봄부터 여름까지 핍니다.

- **아이비 페라고늄** *Pelargoniums peltatum*
  윤기 나는 두꺼운 잎을 가지고 있으며 덩굴성이 강합니다.

- **센티드 리프 페라고늄** *Scented Leaf Pelargoniums*
  잎에서 강한 향이 납니다. 꽃은 작고 소박한 편입니다.

조날 페라고늄(홑꽃, 겹꽃, 로즈버드, 스텔라, 튤립, 팬시리프)

홑꽃
팬시리프
겹꽃
로즈버드
튤립
스텔라

리갈 페라고늄

아이비 페라고늄

센티드 리프 페라고늄

빛 | 직사광선, 양지
빛을 많이 봐야 웃자라지 않고 꽃대가 많이 형성 됩니다. 또한 잎의 무늬도 선명해지므로 직광이나 양지에서 키워 주세요. 직광에서 키운 페라고늄은 가지의 마디 구간이 좁고 작은 잎이 오밀조밀하게 나며 무늬가 선명합니다. 단, 실내에서 직광으로 바로 내놓을 경우 강한 빛에 잎이 탈 수 있으니 서서히 강한 빛에 적응시켜 주세요.

온도 | 최저 월동 온도 -5℃ (노지 월동 불가)
추위에는 강한 편이지만 고온 다습한 환경을 좋아하지 않습니다. 여름에는 서늘하게 키워 주세요.

물 | 겉흙이 마르면 듬뿍 주기
건조에는 강하나 과습에는 취약한 편입니다.

수형 관리 |
가을부터 봄까지 쉼 없이 꽃이 피고 집니다. 여름에는 성장이 주춤하다 가을에 다시 새순을 내며, 겨울에 기운을 차리고 봄에 꽃이 만개합니다. 늦겨울부터 봄까지 비료를 주면 풍성하게 꽃을 피워요. 알비료, 개화촉진제, 분변토 등을 정량대로 주세요. 더욱 풍성하게 키우기 위해서는 가지치기와 순지르기를 해 줍니다. 잘라 낸 가지들로 꺾꽂이에도 도전해 보세요.

페라고늄 순지르기

1 순지르기 전의 페라고늄
2 줄기 끝의 새순을 떼어 냅니다.
3 여러 순이 나와 풍성해졌습니다.

페라고늄 가지치기

1 Y자 수형의 웃자란 페라고늄의 모습
2 둥근형으로 소복하게 키우려면 3~4마디만 남기고 둥근 모양으로 잘라주세요. 자를 때 마디 윗부분으로 바짝 잘라주세요.
3 여기저기 새순이 나와 자란 모습
4 새로 나는 잎들이 잘 자랄수 있도록 묵은잎은 정리해주세요.
5 점점 풍성해지는 모습의 페라고늄
6 순따기를 계속 해주면서 관리해주면 더욱 더 풍성하게 자라요!

다양한 수형의 페라고늄

외목대 토피어리형

둥근형

분재형

분갈이 | 배수가 잘되는 흙에 심기

과습에 취약해 줄기나 뿌리가 썩기 쉬워요. 상토에 펄라이트나 마사를 섞어 물빠짐이 좋도록 하며, 화분은 도기나 플라스틱 소재보다 통기성 좋은 토분을 추천합니다.

(tip) 페라고늄에 공기뿌리가 생기는 이유
화분 안에 영양분이 부족하고 분갈이 시기를 놓쳤을 때, 그리고 뿌리 상태가 좋지 못할 때 공기뿌리가 생깁니다. 공기뿌리는 물꽂이할 경우 뿌리내림이 빨라 삽수로는 좋지만 모체에게는 위험 신호이니 빠르게 분갈이해야 합니다.

번식 | 종자번식, 영양번식(포기 나누기, 줄기꽂이)

종자번식 : a꽃의 암술에 b나 c의 꽃의 수술을 묻혀 씨앗을 만든 후 이렇게 채취한 씨앗을 파종해 새로운 페라고늄을 만들기도 합니다. 시간이 많이 걸리고 정성을 다해야 하지만 나만의 페라고늄을 만들 수 있는 방법이에요.

영양번식(줄기꽂이) : 페라고늄은 다른 식물에 비해 꺾꽂이(삽목) 성공률이 높은 편입니다. 최적의 꺾꽂이 시기는 봄과 가을이에요. 여름에는 쉽게 무르고 겨울에는 기온이 낮아 뿌리가 나는 시간이 오래 걸리기 때문에 선선한 날씨의 봄가을에 꺾꽂이 하는 것을 추천합니다.

한국에서 육종한 페라고늄 : 좋을씨고(김용임)

좋을나르샤

좋을솜솜

페라고늄 지피 삽목(품종:썬빔)

1 소독한 칼이나 전지가위로 삽목할 가지를 잘라 주세요.
2 뿌리내림이 쉽도록 삽수를 두세 마디만 남기고 아래쪽은 잘라 정리합니다.
3 잎이 많거나 꽃대가 있으면 뿌리내림에 부담을 주기 때문에 잎을 2~3장만 남기고 모두 떼어 냅니다.
4 물에 불린 지피 중앙에 삽수가 들어갈 구멍을 냅니다.
5 삽수를 넣고 흔들리지 않게 고정해 주세요.
6 품종 확인이 쉽도록 이름을 표시해 둡니다.
7 뿌리가 난 모습을 확인할 수 있어요.

병충해 | 뿌리파리, 무름병, 깍지벌레(아이비 또는 리갈 종류)

뿌리파리 : 흙이 젖어 있고 습한 환경일 때 자주 생기는 충해입니다. 뿌리를 갉아 먹기 때문에 페라고늄이 축 처져 힘이 없고 성장이 더뎌져요.

무름병 : 통풍이 불량하고 습도와 기온이 높은 여름에 자주 발생합니다. 무름이 생기면 그 부위가 점점 퍼지게 되는데, 줄기 끝에 발생했다면 해당 부분을 자르고 자른 부위를 말려 서늘한 곳에서 경과를 지켜봅니다. 줄기 가운데나 밑동에 발생했다면 회복이 어려우니 무름이 오지 않은 부분을 잘라 꺾꽂이해 주세요.

(tip) 페라고늄의 누런 잎
잘 자라다가도 가끔 잎이 누렇게 되는 경우가 있어요. 잎의 색이 변하는 이유는 다양한데, 물을 말렸거나 또는 과습이 오면서 변하기도 하고 뿌리가 꽉 차서 변하기도 합니다. 자라는 환경이 안 맞는 경우도 있죠. 색이 변한 잎은 회복이 불가하니 즉시 제거해 주세요.

(tip) 페라고늄의 기형 '대화'
다른 페라고늄에 비해 성장이 주춤한 페라고늄이 있다면 밑동 쪽을 확인해 보세요. '새순이 아래에서 자라네?' 하고 지나칠 수 있지만, 자세히 보면 흉측한 '대화'가 자라고 있을지도 몰라요. 대화는 세균성 병원체인 로도커스 파시안스(Rhodoccous fascians)에 의해 생기는 기형 현상으로, 식물에 갈 영양분을 흡수하며 자라기 때문에 발견하는 즉시 제거해야 합니다.

추천 장소 | 옥상, 마당, 테라스, 해가 들어오는 창가 옆

계절별 관리 |

봄 : 화분 물구멍 밖으로 뿌리가 나오지 않았나요? 분갈이를 해 주세요. 페라고늄은 갈퀴로 묶은 뿌리를 털어 내도 생장에 문제가 없을 만큼 뿌리몸살에 강합니다. 분갈이 시 흙 안에 분변토를 섞거나 흙 위에 알비료를 올려 주면 더욱 좋아요.
여름 : 페라고늄의 가장 큰 적은 여름이에요. 짧게 들어오는 해 탓에 잎은 아욱처럼 커지고, 덥고 습한 환경에 줄기가 물러 죽기도 해요. 특히 무름에 주의해 주세요.
가을 : 여름에 웃자라고 볼품없어진 페라고늄이 찬바람을 맞고 새순을 내기 시작합니다. 예쁘게 수형을 잡아 주고 가지치기한 가지들로 꺾꽂이에 도전해 보세요.
겨울 : 페라고늄은 추위에 강한 편으로, 실내 기준 -5℃까지 버티기도 합니다. 낮은 기온보다는 찬바람에 한해를 입지 않도록 주의하세요. 창틈으로 들어오는 바람은 치명적이니 틈틈이 막아 주고 창가에 있던 화분을 안쪽으로 들입니다.

(tip) 여름철 페라고늄 관리하기
· 통풍에 신경 씁니다. 화분 사이사이에 간격을 두어 바람이 잘 통하도록 만들어 주세요. 통풍이 불량하면 흙에 곰팡이가 생기거나 줄기가 쉽게 무릅니다.
· 물을 최대한 말리세요. 이른 오전에, 속흙까지 말랐을 때 물을 줍니다. 한 번에 듬뿍 주는 것보다 조금씩 자주 주는 것이 좋아요. 장마철에는 기온과 습도가 높으니 물주기는 자제합니다. 건조에는 강하지만 습도에는 취약해요.

pet plant &
home gardening

5장.

조금씩, 공간을
초록으로 물들이는 일

인터뷰 1.

베란다 없는 집(확장형 거실, 오피스텔, 원룸 등)
- 키큰해바라기 님(@kikeunhaebaragi)

1. 확장형 거실에서 식물을 키울 때, 장단점을 알려 주세요.

식물 보면서 잠들고 식물 보면서 일어나요. 밥 먹으면서도 식물을 보고, 차 마시면서도 식물을 보죠. 다른 일을 하다가도 목말라하는 식물이 있으면 물 주고 일을 봐요. 청소하면서 누런 잎도 따 주고, 가지를 쳐 주기도 해요. 식물은 자연스럽게 일상에 녹아들죠. 식물이 건네는 위로를 항상 받을 수 있다는 게 가장 큰 장점이라고 생각해요. 잦은 노동과 불편함까지 감내하면서 공들여 식물을 키우는 이유이기도 하죠.
실내에서 식물을 키우기 시작했을 때는 화분에 물을 주다 거실 바닥에 많이 흘렸어요. 조심해도 물 흘리는 일이 반복되다 보니, 마룻바닥이 오염되고 심지어 썩기까지 했었죠. 안 되겠다 싶어서 큰 식물은 욕실로 가져가서 물을 주고, 작은 식물은 주방으로 옮겨 가서 물을 주는데, 식물의 수가 많다 보니 보통 일이 아니었어요. 물 한 번 주고 나면 몸이 쑤시고 심하면 몸살이 와서 앓아누울 정도였으니까요. 이제는 나름의 노하우가 생겼지만 식물에 물을 주는 일은 여전히 힘에 부쳐요.

2. 확장형 거실과 잘 맞는 식물과 인연이 아닌 식물이 있을까요?

햇빛이 잘 드는 집이라면 무난하게 키울 수 있는 식물들이 많아요. 식물 키우는 환경이 실내이고 사람이 함께 생활하는 공간이다 보니 이산화탄소를 배출하는 꽃 종류보다는, 공기 정화에 도움이 되고 키우기도 무난한 녹색 식물을 권해 드려요. 휘커스 움베르타나 뱅갈 고무나무 같은 고무나무류도 좋고요. 목성 베고니아와 같이 이파리의 독특한 무늬나 색감을 감상할 수 있는 식물도 좋아요.
하지만 실내 환경이 아무리 잘 조성되어 있어도 노지의 환경을 따라잡을 수는 없어요. 햇빛 요구량이 많은 식물, 즉 극양지 식물(침엽수나 과실수 등)을 피한다면 스트레스 없이 가드닝을 즐길 수 있어요.

3. 공간별 식물 배치를 소개해 주세요.

창가: 피어리스, 선인장, 무늬 있는 식물, 꽃 피는 식물
벽: 몬스테라, 목성 베고니아
주방이나 서재: 스킨답서스, 오션, 보스턴 고사리

4. 반려견과 함께하는 가드닝, 어렵지는 않나요?

　활동량이 많은 반려견들은 화분을 넘어뜨리거나, 화분의 흙을 파헤치는 등 다양한 말썽을 부린다고도 해요. 하지만 저희 집 비숑프리제와 몰티즈는 식물 주변을 다니며 냄새만 맡을 뿐 화분을 넘어뜨리거나 식물에게 해코지하는 일은 거의 없어요.

5. 가드닝과 관련된 특별한 에피소드가 있나요?

　식물이 좋아 혼자 주먹구구식으로 가드닝을 할 때는 식물을 건강하게 키우는 방법을 몰랐어요. 어떤 식물이 우리 집 환경에 맞는지도 모르면서 보기에 예쁘면 무조건 가져다 키웠죠. 그런데 꽃도 피지 않고, 이파리는 힘없이 떨어지거나 말라 비틀어 떨어지거나 하는 등의 문제점이 보이는 거예요. 원인이 궁금했지만 알 길은 없고 무척 안타까웠죠. 원예 수업이라도 들어야 하나 싶었으니까요. 얼마 뒤 온라인 식물 카페에 가입하면서 많은 도움을 받았어요. 카페 회원들과 식물 키우는 경험을 공유하며 교류하다 보니 어느새 제가 반(半) 식물 박사가 되어 있더라고요. 실내 가드닝을 계획하고 있다면 온라인 커뮤니티를 적극 활용하세요.

6. 나만의 가드닝 팁을 소개해 주세요.

　확장형 거실 가드닝의 단점을 완벽하게 보완하는 팁은 따로 없어요. 식물을 위해 부지런히 움직이다 보면 언젠가 식물들이 보답해 줄 거예요.

인터뷰 2.

테라스가 있는 집
- 노랭이사진관 님(@frugardener)

1. 테라스에서 식물을 키울 때, 장단점을 알려 주세요.

실내에서 식물을 키울 때 가장 아쉬운 점은 해가 충분하지 않다는 거예요. 직사광선을 필요로 하는 식물에게는 특히 그렇죠. 테라스에서 키우는 식물은 직사광선을 하루 종일 받을 수 있을 뿐만 아니라 빗물도 받을 수 있어요. 따로 통풍을 신경 쓸 필요도 없죠. 호스로 물을 마구 분무하기 편하고 분갈이를 할 때 실내보단 청소가 조금 더 용이하다는 장점도 있겠네요.

실외에서 식물을 키우는 게 무조건 좋은 조건이라고 생각하는 분들도 계시는데 실상은 불편한 점도 많아요. 실내에선 만나기 힘든 각종 벌레와 싸워야 하고, 볕이 뜨거운 여름에는 힘들어하는 식물을 위해 차광을 해야 하죠. 같은 이유로 밖에 내놓을 수 없는 식물도 많답니다. 실내보다 물이 빨리 증발하기 때문에 급수에 신경 써야 하고 겨울에는 월동이 가능한 식물 외에는 다시 안으로 들여야 해요. 태풍이나 장마 같은 날씨 변수도 대비해야 하지만 봄부터 시작되는 잡초와의 전쟁만큼 어려운 건 없을 거예요. 조금만 게으름을 피우면 모든 공간은 금방 잡초 밭이 되거든요.

2. 테라스와 잘 맞는 식물과 인연이 아닌 식물이 있을까요?

우선 식용으로 소소하게 키우는 농작물들 그리고 침엽수 종류들이 테라스와 잘 맞아요. 모두 충분한 일조량이 필요하기 때문에 실내에서는 풍성하게 잘 키우기 힘들어요. 그리고 산과 들에서 보이는 야생화는 화단에 심어 두면 겨울에 스스로 월동하고 봄에 다시 올라오기 때문에 관리가 수월해요. 정리하자면 직사광선을 좋아하는 1년생 식물 혹은 월동이 가능한 다년생 식물이 테라스에서 무난하게 잘 자라요.

반면에 실내에서 키우던 화초를 실외에 두면 잎이 모두 타 힘들어하는 경우가 많아요. 의외로 밖으로 내보낼 수 있는 식물은 적어요. 봄이나 가을의 아침 볕 정도는 모두 좋아하겠지만 그 이상의 볕을 감당하려면 식물들도 적응하는 시간이 필요해요. 관리가 가장 힘든 기간은 여름인데요, 축축해진 흙과 여름 정오의 볕이 만나면 식물의 뿌리를 상하게 할 수도 있어요.

3. 공간별 식물 배치를 소개해 주세요.

테라스

테라스 가운데에는 커다란 공작단풍과 라일락 나무가 있어요. 두 나무는 그늘도 만들어 주고 사계절 거실에서 보기 좋은 전망을 만들어 주죠. 대파, 부추, 방풍, 허브 같은 먹거리들은 볕이 오래 드는 곳에 모아 심고, 산그늘에서 자라는 야생화들은 큰 나무 그늘 아래에 주로 심어요. 아침부터 저녁까지 그리고 계절에 따라 볕이 얼마나 들어오고 빠지는지 알고 나서는 그 환경에 맞게 식물을 조금씩 옮겨 주고 있어요.

실내

실내 식물은 대부분 거실에서 키우고 있어요. 창이 동남향이라 여름에는 볕이 부족해 식물 등을 하나 사용하고 있어요. 겨울에는 실외에서 들이는 식물들로 북적이는 편이에요.

4. 반려묘와 함께하는 가드닝, 어렵지는 않나요?

저희 집에는 '카라멜'이라는 고양이가 한 마리 있는데 '정원 관리묘'라고 부르고 있어요. 보통 고양이들은 호기심이 많아서 식물을 뜯거나 먹어 보는 습성이 있는데 카라멜은 처음부터 식물을 건드리지 않고 유심히 관찰하는 성격이었어요. 카라멜이 조심스럽게 풀과 풀 사이를 다니니 저도 안심하고 가드닝을 할 수 있었던 것 같아요. 보통 볕이 잘 드는 자리는 고양이도 식물도 원하기 때문에 제가 중재를 잘 해야 하거든요. 볕이 좋은 자리에 식물을 두고 곳곳에 카라멜을 위한 통로와 공간을 두고 있어요.

5. 가드닝과 관련된 특별한 에피소드가 있나요?

아파트가 산자락에 있어 박새나 딱새 같은 작은 산새들이 많이 찾아오는데 그것으로 탐조 생활을 시작하게 되었어요. 처음에는 이름도 모르던 새들이었는데 사계절 매일같이 테라스를 찾아와 주니 이제는 새소리만 들어도 누가 왔는지 알 수 있게 되었어요. 겨울에는 해바라기 씨앗 같은 밥을 챙겨 주기도 히고요. 목욕탕도 몇 개 마련해 두었는데 새들이 매일 찾아와서 목욕하고 간답니다. 종종 카라멜과 함께 테라스 산책을 나가는데요, 카라멜을 밖에 자유롭게 풀어 둘 수 없기 때문에 바구니 안에서만 구경하는 조건을 걸었어요. 아직 약속을 잘 지키고 있는 걸 보면 카라멜도 테라스 산책을 포기할 수 없나 봐요.

6. 나만의 가드닝 팁을 소개해 주세요.

식물을 고를 때 이 식물이 정말 나의 취향인지, 그리고 우리 집 환경에서 잘 자랄 수 있는지를 많이 고민하는 편이에요. 외국에서 온 야생화의 경우 실제로 어떤 환경에서 자라는지, 어떤 수형으로 얼마만큼 크는지 등을 알아보고 최대한 그 식물에게 맞는 환경을 만들어 주고 있어요. 늘 따뜻한 곳에서 살던 식물에게 한국의 여름과 겨울은 아주 혹독하게 느껴질 수 있거든요. 그리고 우리나라에 사는 야생화들은 겨울을 제대로 춥게 보내야 봄에 더 건강하게 크는 편이에요. 남부 지방에서는 월동이 안 되는 식물을 그냥 밖에 둬도 되지만 중부 지방에서는 이른 봄에 밖으로 내서 짧은 겨울을 보내게 하거나 밖에 두되 보온에 신경을 써서 얼지 않도록 하는 방법을 쓰고 있어요.

인터뷰 3.

가드닝 카페 1
- 카페 보니비
Ⓐ 충청남도 공주시 반포면 정광터1길 164-3

1. 가드닝 카페를 시작하게 된 계기, 인테리어에 식물을 활용한 이유가 있다면 무엇인가요?

평소 정원 꾸미는 일을 좋아했어요. 인테리어 편집 숍을 운영 중이었는데 오시는 분들께서 혼자 보기에는 아까운 정원이라며 카페를 운영하면 어떻겠냐는 권유를 하곤 했죠. 그러한 권유를 받다 보니 자연스레 카페를 운영하게 되었어요.

2. 카페에서 무난하게 잘 자랐던 식물과 특별히 애정하는 식물이 있나요?

실내에서는 보스턴 고사리, 고무나무, 드라세나, 스파트필름, 스킨과 같은 관엽식물이 잘 자라요. 실외에서는 쥐똥나무, 호스타, 조팝나무, 허브류가 잘 자라죠. 향이 좋고 번식이 쉬운 허브류를 좋아해요. 정원을 가진 분들께 추천하기도 하고 한 줄기씩 잘라 선물하기도 해요.

창이 있는 곳에는 낮은 식물을 배치해야 조망(창문)을 가리지 않아요

3. 카페에서 키우기 힘든 식물과 뜻밖의 고충을 안긴 식물이 있나요?

실내에서 키우기 힘든 식물은 야생화, 허브류예요. 직사광선과 바람을 좋아하는 식물은 실내와는 맞지 않아요.

4. 카페 인테리어를 하면서 식물을 위해 특별히 신경 쓴 부분이 있다면?

인테리어 편집숍에서 가드닝 카페로 전환했기 때문에 기존에 있는 소품을 식물과 잘 어우러지게끔 최대한 응용했어요. 실내에서는 빛이 들어오는 곳이 한정적이기 때문에 창가 쪽에 식물들을 배치하고 관엽 식물 위주로 구성했어요. 식물들의 '해보기'를 위해 창문에 블라인드나 커튼을 설치하지 않았어요. 천장에는 고리를 걸어 행잉플랜트를 연출했습니다.

5. 정원(실외)에서 키우는 식물의 관리 노하우

병충해 관리
실내보다 실외 정원을 돌보는 게 손이 더 많이 가요. 실내보다 실외에 병충해가 더 잘 생기는 것, 아시나요? 약을 쳐도 잘 죽지 않아 주기적으로 방제를 하고 있어요. 병충해가 생기면 옮는 속도가 빨라 발견 즉시 약을 뿌려 살포해야 해요.

물주기
여름철 물주기에 신경 쓰고 있어요. 날이 더우면 하루에 두 번도 준답니다.

잡초 제거
잡초는 정원의 미관을 해치기 때문에 보이는 대로 제거하는 편이에요. 앉아서 하나 하나 뽑는 재미가 있답니다.

6. 특별한 에피소드가 있나요?

카페 창업
카페를 겸업으로 해야 하는 과정이 힘들었어요. 식물에 대해서는 잘 아는 데 비해 카페 창업은 처음이라 메뉴 선정, 제조 방법을 새로 배워야 했고 모든 게 낯설었죠.

정원을 꾸미면서 생기는 시행착오
혼자만 튀거나, 들쭉날쭉하게 심어진 식물들. 처음에는 감을 잡지 못해 나무나 초화류를 몇 번이나 옮겨 심었는지 몰라요. 정원은 식물 하나하나의 개성보다는 전체적인 어우러짐이 중요해요. 계절에 따른 식물의 변화, 성장세 등을 생각해야 하죠. 지금 당장 예쁜 모습이 아니라 시간이 지나며 변하는 모습도 생각하면서 꾸며 보세요.

인터뷰 4.

가드닝 카페 2
- 카페 모

Ⓐ 서울특별시 용산구 두텁바위로 7 국제빌딩 5층

1. 가드닝 카페를 시작하게 된 계기, 인테리어에 식물을 활용한 이유가 있다면 무엇인가요?

사무실을 계약하고 인테리어를 참고하기 위해 핀터레스트를 보게 되었고, 그때 '플랜트 인테리어'를 알게 되었어요. 빈티지한 공간에 어우러진 식물에 영감을 받아 플랜트 인테리어를 하기로 마음먹었죠. 플랜트 인테리어를 유지하기 위해 식물에 공을 들이기 시작했어요. 죽으면 안 되니까 식물에 대해 공부하기 시작했고 그로 인해 푹 빠지게 되었어요.

2. 카페에서 무난하게 잘 자랐던 식물과 특별히 애정하는 식물이 있나요?

공기 정화가 잘되는 잎이 큰 관엽식물과

수염 틸란드시아와 같이 미세먼지를 잡는 식물들을 좋아해요. 봄철에 알레르기가 심한 편인데 카페에 오면 식물 덕분인지 알레르기가 어느 정도 진정돼요. 관리도 수월해 애정이 갑니다. 카페에는 NASA가 지정한 실내 공기 정화 식물부터 들였던 것 같아요. 번식이 잘되는 식물도 좋아하는 편인데, 좋아하는 식물의 번식에 성공하면 재미도 있고 성취감이 들거든요.

· 카페 모의 추천 식물 : 아레카야자, 보스턴 고사리, 몬스테라, 여인초
· 번식이 잘되는 식물 : 무늬 접란, 보스턴 고사리

무늬 접란

몬스테라

행잉플랜트의 적절한 활용

길게 늘어지는 덩굴성 식물을 높은 곳에 두면 공간에 포인트를 줍니다

3. 카페 인테리어를 하면서 식물을 위해 특별히 신경 쓴 부분이 있다면?

창이 크고 빛이 잘 들어오는 정남향인 곳, 창의 크기와 방향에 중점을 두었어요. 식물을 키우기에는 빛이 제일 중요하다고 생각해요. 빛을 잘 받지 못한 식물은 자람세가 좋지 않고 병충해에 쉽게 노출되거든요. 나중에 집을 짓게 된다면 천장에 창을 내어 빛을 골고루 받게 하고 싶어요. 빛이 가장 잘 들어오는 창 쪽에만 식물을 두다 보니 인테리어에 제약이 있거든요.

4. 실내에서 키우는 식물의 관리 노하우

일주일에 한 번, 관리를 하는 시간을 가지고 있어요. 월요일 오전, 식물들을 보며 물도 주고 잎도 닦아 줘요. 하나하나 들여다보며 식물의 상태에 따라 관리를 해 주고 있어요.

5. 특별한 에피소드가 있나요?

예기치 못한 상황

식물은 오로지 저 혼자서 관리하고 있어요. 카페 직원에게 맡겼더니 관리가 잘 안 되더라고요. 식물의 특성에 맞게 관리를 해야 하는데 그게 쉽지 않았나 봐요. 그래서 그런지 제가 자리를 오래 비우거나 휴가를 다녀오면 식물이 몇 개 죽어 있기도 했어요.

식물의 위로

작업실을 겸하는 가드닝 카페이기 때문에 일적으로 스트레스를 받을 때가 있어요. 그러면 식물을 돌보기 시작해요. 물을 주거나 잎을 닦아 주다 보면 저도 모르게 위안을 받아요.

카페 모 유튜브 채널: Mo Plants